LIEBE IST EIN GESCHENK

W0049329

Mavis & Merle Fossum

Liebe ist ein Geschenk

Meditationen für Paare

WILHELM HEYNE VERLAG
MÜNCHEN

Titel der amerikanischen Originalausgabe:
THE MORE WE FIND IN EACH OTHER
MEDITATIONS FOR COUPLES

Ins Deutsche übertragen von Gabriel Stein

2. Auflage
Die Originalausgabe erschien im
Verlag Hazelden Foundation, Center City,
Minnesota, USA
Copyright © 1992 by Hazelden Foundation
Copyright © 1993 der deutschen Ausgabe
by Wilhelm Heyne Verlag GmbH & Co. KG, München
Umschlaggestaltung: Atelier Ingrid Schütz, München
Satz: Conrad Neumann, München
Druck und Bindung: RMO-Druck, München
Printed in Germany

ISBN 3-453-06923-4

Inhalt

Einleitung

Im wunderbaren Geheimnis einer Liebesbeziehung erfahren wir vielleicht am unmittelbarsten die spirituelle Dimension unseres Daseins. Wenn zwei Menschen, die eine ganz einzigartige Persönlichkeit und Erfahrung besitzen, ihr Leben gemeinsam verbringen, entsteht dadurch gewissermaßen eine neue, dritte Existenzform: die Partnerschaft. Diese hat zwar keine körperliche Gestalt, und doch wissen wir, daß sie vorhanden ist. Sie erfüllt den Raum, den wir miteinander teilen. Ihr Anfangszustand gleicht dem eines jungen Baumes: Alles ist noch ganz zart, unentwickelt, ohne Vergangenheit und ohne große Auswirkungen auf die Umgebung. Aber mit der Zeit gewinnt unsere Beziehung an Kraft und beeinflußt unser beider Leben nachhaltig – und natürlich auch das der anderen Menschen.

Unsere Verbindung wird zu einem komplexen Geflecht von Gefühlen und Erinnerungen, Enttäuschungen und Übereinstimmungen, Hilfeleistungen und Herausforderungen, von Schwierigkeiten und Frustrationen, die wir zu zweit bewältigen mußten, von gemeinsamen Zukunftsplänen und unterschiedlichen Möglichkeiten, uns zu vergnügen, miteinander zu spielen und einander Befriedigung zu schenken.

Es ergibt sich also ein seltsames Paradox: Die Beziehung zwischen uns ist unsichtbar – zugleich jedoch tritt sie offen zutage. Denn wir fühlen, wie sich ihre Energie in unserem

Leben ausbreitet, als würde ein heranwachsender Baum seinen Schatten über eine Wiese werfen. Sie kann uns beglücken, aber auch quälen – und manchmal geschieht beides innerhalb einer einzigen Stunde. Sie ist unser gemeinsames, ganz und gar unverwechselbares Werk. Wir bestimmen, in welcher Form sie sich entwickelt, aber im weiteren Verlauf übt sie ihrerseits eine starke Macht auf uns aus. Aufgrund unserer vertrauten Verhaltensweisen und Gesten erleben wir Dinge, die uns überraschen – solche, die wir vermeiden wollten, und solche, für die wir sehr dankbar sind. Wenn uns das eigene Tun wirklich bewußt ist, können wir uns als Lebenspartner zusammentun und unserer Beziehung eine Kraft verleihen, die uns beseligt, die uns Halt gibt und die darüber hinaus unsere individuelle Entwicklung ein Leben lang unterstützt.

Selbst in den besten Beziehungen ist die Intimität niemals eine Art ständiger Besitz, über den die Partner nach Belieben verfügen können und der ihnen gehört wie eine besonders schöne Glasschale, die sie gemeinsam im Geschäft gekauft haben. Vielmehr gleicht die Intimität einem lebendigen Organismus, der sorgfältig behandelt und „ernährt" werden muß, indem wir uns immer wieder etwas Zeit nehmen, um in Ruhe nachzudenken, unsere Erfahrungen einmal genauer zu untersuchen und einander aufmerksam wahrzunehmen. Zu diesem Zweck können wir uns beispielsweise immer wieder gemeinsam in die Lektüre vertiefen. Deshalb haben wir, die Autoren dieses Buches, die folgenden Meditationen auch so konzipiert, daß sie beiden Partnern helfen, ihre Vertrautheit ganz bewußt zu intensivieren.

Im Laufe unseres eigenen langen Zusammenlebens haben wir es uns zur Gewohnheit gemacht, einige besinnliche Augenblicke zu genießen, in denen wir uns mit einem bestimmten Gedanken auseinandersetzen, einen meditativen Text oder auch nur ein kurzes Zitat lesen. Ein Buch liegt daher immer griffbereit in der Nähe. Kurz vor dem Essen oder wenn es Zeit ist, schlafen zu gehen, liest einer von uns daraus vor. Manchmal sprechen wir dann ein wenig über unsere durch den Text ausgelösten Assoziationen und Gefühle. Wenn wir nicht dazu kommen, gemeinsam etwas zu lesen, nimmt jeder für sich das Buch zur Hand. Auf ganz natürliche Weise hat sich diese Gewohnheit zu einem einfachen Ritual entwickelt, das wir schon fast automatisch ausführen. Die Weisheit eines anderen Menschen, der aus einer anderen Zeit zu uns spricht, wirft ein Licht auf die besonderen Erfahrungen, die wir an dem jeweiligen Tag gemacht haben. So läßt unsere innere Anspannung nach, wir kommen wieder ins Gleichgewicht und werden an all jene Wohltaten erinnert, die uns zuteil wurden. Darüber hinaus schöpfen wir neue Kraft und wissen, wohin unser Weg führen soll. Wir hoffen, daß dieses Buch die gleiche Wirkung auf Sie haben wird.

Wir danken insbesondere Judy Delaney, unserer Lektorin bei Hazelden, die von diesem Buch immer überzeugt war und es mit ihren kreativen Ideen bereicherte. Sie trug entscheidend dazu bei, daß es nun in Ihren Händen liegt.

Anmerkung zur deutschen Ausgabe:

Wenn im folgenden, um sprachliche Umständlichkeit zu vermeiden, überwiegend von „Partner" gesprochen wird, so ist damit stets der männliche *und* der weibliche Partner gemeint, denn dieses Buch richtet sich gleichermaßen an Frauen und an Männer.

Kommunikation

Vielleicht haben wir früher einmal von einem Partner ge-
träumt, der nur verlockende Eigenschaften besitzt. Wir wünsch-
ten uns wahrscheinlich, daß er oder sie gut aussieht,
freundlich, stark, sexy, reich, lustig, zuverlässig, spirituell, ath-
letisch, sanft, liebenswürdig und charmant ist. Natürlich wollten
wir nicht das Gegenteil – also keinen häßlichen, verletzenden,
schwachen oder unangenehmen Partner an unserer Seite. Und
dennoch: Alle Menschen sind komplexe Wesen, die sowohl
anziehende wie unschöne oder gar abstoßende Charakterzüge
aufweisen. Niemand ist je imstande, uns den ganz persönlichen Traum vom perfekten Lebensgefährten zu erfüllen. Aber
je besser wir uns gegenseitig kennenlernen und je intimer unsere Beziehung wird, desto mehr entdecken wir auch im anderen.

Manchmal überrascht uns der Partner mit einer wunderbaren Eigenschaft: mit einem gesunden Sinn für Humor oder einer nützlichen Idee, auf die wir vorher nie gekommen wären.
Dann wieder sind seine Handlungs- und Redeweisen sehr ent-
täuschend und äußerst kränkend. Wir müssen einfach einsehen, daß sich ohne diese besondere Mischung keine Beziehung
entwickeln und vertiefen kann. Weder erschaffen oder formen
wir den Partner nach unserem Belieben, noch suchen wir ihn
wie ein neues Auto im Ausstellungsraum aus. Wahre Intimität
stellt sich dadurch ein, daß wir die unterschiedlichen Aspekte
des anderen allmählich erkennen, über sie sprechen, Konflikte
austragen und wieder Frieden schließen.

Erinnern Sie sich daran, wie Sie auf befriedigende Weise eine
Kontroverse beilegten oder eine Enttäuschung verkrafteten.

Gemeinsam werden wir größer, als es uns allein je möglich wäre

Unsere Fähigkeit, Liebe zu geben und zu empfangen, kommt aus einem unendlich tiefen Brunnen, aber wir entwickeln sie doch immer nur zu einem kleinen Teil. Im Laufe des Lebens kann die Liebe in uns wachsen und reifen – oder auch völlig rückständig bleiben. Einige Menschen werden mit jedem weiteren Jahr einfach immer kälter und härter; bei anderen dagegen sind Geist und Seele zunehmend von Liebe und Wärme erfüllt.

Vielleicht verspüren wir den natürlichen Impuls, der prägenden Kraft der Intimität auszuweichen. Und doch wissen wir, daß die Partnerbeziehung ein großes Glück darstellt. Sie ist gewissermaßen eine Schule der Liebe – und der Menschlichkeit. In dem Bemühen, einander zuzuhören und zu streicheln, Meinungsverschiedenheiten zu klären, manchmal aus dem aufgeblähten Ego des Partners die Luft wieder abzulassen, sich für die eigenen Fehler zu entschuldigen, zusammen zu weinen, zu spielen, dem anderen zu verzeihen und an seine Talente zu glauben, werden wir zu größeren Menschen, als es uns allein je möglich wäre.

Erstellen Sie eine Liste jener Menschen, die Ihnen geholfen haben zu lernen, wie man wahre Liebe schenkt.

Als ich schließlich bei meiner Partnerin resignierte ...

Er war fest davon überzeugt, daß die Frau seines Lebens – falls er je die Richtige fände – alle Leerstellen seiner eigenen Persönlichkeit ausfüllen würde. Sie träumte davon, daß ihr perfekter Gefährte stets sanft und niemals eigensinnig reagieren würde. Nachdem sie geheiratet hatten und die Flitterwochen vorbei waren, wurden sie ganz zwangsläufig auf die Fehler des anderen aufmerksam und erlebten manche Enttäuschung. Beide fragten sich, ob sie die falsche Wahl getroffen hatten. Aber in gewissem Sinne gibt es für niemanden den oder die Richtige(n). In anderer Hinsicht wiederum mag es Millionen Richtige geben.

In einer engen Beziehung werden immer auch die Schwächen des geliebten Wesens offenbar, und man erlebt Enttäuschungen, die anfangs nicht abzusehen waren. Kein Partner kann all unseren Phantasievorstellungen entsprechen oder unseren Bedürfnissen auf eine so vollkommene Art und Weise gerecht werden, daß wir innerlich ständig zufrieden und glücklich sind. Ein Mann sagte einmal: „Es war ein schrecklicher Tag, als ich schließlich bei meiner Partnerin resignierte. Aber das war zugleich der erste Tag, an dem ich sie ganz klar vor mir sah. Erst dadurch konnte ich die Bilder aus meinem Kopf verbannen, die ich mir bis dahin von ihr gemacht hatte, und anfangen, ihren wahren Charakter kennenzulernen."

Vergessen Sie heute einmal alles, was Sie sich in bezug auf die künftigen Entwicklungen Ihres Partners vorstellen oder wünschen, und nehmen Sie ihn einfach so, wie er ist.

Eine Maske ist eine Art Image, das wir uns zulegen, um eine innere Wahrheit zu verbergen. In manchen Situationen brauchen wir solche Masken einfach. Vielleicht möchten wir kompetent erscheinen, wenn wir uns um eine Stellung bewerben, oder unsere Schwäche vor jenen verheimlichen, die uns sonst verletzen oder ausnutzen würden. Ein Polizist etwa muß den Eindruck von Autorität vermitteln. Masken können auch lustig sein, wenn wir zum Beispiel für eine Party in die verrücktesten Verkleidungen schlüpfen. Aber wenn wir vergessen, sie wieder abzulegen, können sie unter Umständen jede Form von Intimität verhindern.

Der vertraute Umgang mit dem andern ist erst dann eine wahre Freude, wenn wir uns – ohne jede Maske – erleichtert und befreit fühlen können. Indem wir sie fallenlassen, offenbaren wir unsere Schwächen und bekennen uns zu den eigenen Mißgeschicken und Erfolgen. So entwickelt sich auch unsere Partnerschaft weiter, wenn wir bereit sind, mehr Risiken einzugehen als gewöhnlich. Dann können wir nämlich die Belohnungen, die sich aus einer bejahenden Einstellung, aus Vertrauen und Freiheit ergeben, in Empfang nehmen.

Machen Sie sich eine Zeitlang von Ihrer üblichen Rolle frei. Vielleicht sollten Sie einmal ohne jeden Vorbehalt humorvoll sein – oder dem Partner einen Ihrer Träume oder langgehegten Wünsche mitteilen.

Jeden Augenblick erleben wir bewußter und intensiver

In unserer Zivilisation gibt es zahlreiche Möglichkeiten, fast jede unangenehme Tatsache einfach zu verdrängen. Alles, was sich nicht kontrollieren läßt oder uns unglücklich macht, können wir umgehen, indem wir fernsehen, „Frustkäufe" tätigen oder irgendwelchen anderen äußeren Reizen nachjagen. Selbst der Tod – die letzte Realität unseres Lebens, der endgültige Verlust aller Kontrollmechanismen – wird weithin verleugnet. Wenn wir jedoch die schlechten Nachrichten genauso in unser tägliches Dasein integrieren wie die guten, dann werden wir innerlich viel stärker, reifer und klüger.

Wenn wir uns stets daran erinnern, daß das gemeinsame Leben an einem bestimmten Punkt ein Ende hat, erleben wir jeden Augenblick bewußter und intensiver. Wenn wir dagegen so tun, als wäre das Leben bloß ein Spiel, dann fassen wir den Partner auch weiterhin als Konkurrenten auf, versagen ihm bestimmte Befriedigungen und behalten uns vor, eine gewisse Macht über ihn auszuüben. Uns sollte deshalb klar sein: Sobald wir jede Form von Verdrängung aufgeben, wird das Leben nicht etwa düster oder gar trostlos – es verdient, im Gegenteil, noch mehr unsere Liebe und unseren Überschwang. Wenn wir mit sicherem Blick erkennen: *Genau so ist es!*, dann halten wir die Gesten und Worte der Liebe auch nicht mehr länger zurück.

Finden Sie heraus, in welcher Weise Sie heute Ihre Liebe zum Ausdruck bringen können.

Gehen Sie gewisse Risiken ein, um Ihre Liebe auszudrücken

Einige unter uns behalten ihre stärksten Gefühle immer für sich. Wir fühlen uns traurig, ängstlich oder äußerst liebevoll, wagen es jedoch nicht, diese Empfindungen offen zu zeigen. Wir sind aber eine Partnerbeziehung eingegangen, um unser Leben miteinander zu teilen, und nicht, um uns voreinander in acht zu nehmen. Zudem ist die Liebe mehr als ein persönliches Gefühl. Sie ist vor allem auch eine Tat. Eben deshalb müssen wir gegen unsere bequemen Gewohnheiten angehen und riskieren, der Liebe wirklich Ausdruck zu verleihen. Damit bekunden wir die Überzeugung, daß sich unsere liebevollen Taten vervielfachen werden und daß wir künftig sogar über noch mehr Liebe verfügen, weil wir mehr davon geben und empfangen können als je zuvor.

Die Liebe treibt uns dazu an, dem geliebten Menschen unsere Gefühle zu zeigen. Doch über die innersten Empfindungen zu sprechen kann selbst gegenüber unserem Lebenspartner ein Risiko sein. Wir wollen gewisse Dinge verbergen und weiterhin Kontrolle ausüben. Es ist jetzt wirklich an der Zeit, daß wir unsere Vorbehalte überwinden, denn sobald die Liebe unterdrückt wird, läßt sie immer mehr nach. Wenn wir sagen: „Ich liebe dich" und damit eine Berührung oder einen Blick verbinden, wenn wir unseren Partner rücksichtsvoll behandeln oder ihm einen Augenblick lang wirklich zuhören, dann entwickeln wir dabei die Fähigkeit, unsere Liebe auf ganz gesunde Weise auszudrücken.

Zeigen Sie Ihrem Partner jetzt, in diesem Augenblick, mit Worten oder mit Taten, daß Sie ihn lieben.

Es war keine Meinungsverschiedenheit,
sondern ein Mißverständnis

Er sagte: „Laß uns nach der Arbeit ins Kino gehen." Sie erwiderte: „Das ist eine wunderbare Idee!" Aber als die Arbeit, an die sie gedacht hatte, beendet war, mußte er immer noch verschiedene Aufgaben erledigen. Deshalb gerieten sie in Streit. Doch eigentlich ging es nicht um eine Meinungsverschiedenheit, sondern um ein Mißverständnis.

Einige Zeit später sagte sie, ein bevorstehender Arztbesuch mache ihr etwas angst. Im Grunde aber war sie derart von Furcht ergriffen, daß sie alle Mühe hatte, sich unter Kontrolle zu halten. Von außen hatte es den Anschein, als sei sie vollkommen beherrscht, weshalb *er* dachte, sie ängstige sich nur ein bißchen. Das wiederum hatte zur Folge, daß *sie* sich verletzt und vernachlässigt fühlte, weil er offensichtlich ihre extreme Angst nicht wahrnahm.

Was man im Innern denkt und meint, wird nie genau dem entsprechen, was man in Worten und Gefühlen ausdrückt. Es ist ganz natürlich, daß wir uns danach sehnen, verstanden zu werden. Aber in den Beziehungen zwischen Erwachsenen müssen wir damit rechnen, daß zwischen dem, was wir sagen, und dem, was wir tatsächlich meinen, ein Unterschied besteht. Das hat weder etwas mit Aufrichtigkeit zu tun noch damit, wie sehr sich zwei Menschen lieben. Es ist ganz einfach so, daß dem einen im Innern etwas selbstverständlich erscheint, was dem anderen von außen gar nicht so klar sein muß.

Erinnern Sie sich an eine Situation, in der Ihre Worte nicht ganz das ausdrückten, was Sie meinten.

Wir können damit aufhören, Urteile über uns selbst zu fällen

Wenn zwei Liebende sich sexuell vereinigen, bereitet ihnen dies große Glücksgefühle. Einige von uns bekommen jedoch Angst und verlieren den wahren Sinn dieser Verbindung aus den Augen, weil sie ihre sexuelle Leistung kritisch beurteilen. Das ist etwa so, als würde man in der Tageszeitung Papier und Druckerschwärze begutachten, ohne die Nachrichten zu lesen. Wir betreiben dann eine Art Spiel, das uns davon abhält, jene Freude zu empfinden und jene Verbindung herzustellen, die wir im Grunde ersehnen. Die eigenen Darbietungen auf diese Weise zu bewerten ist eher im Wettkampfsport angebracht als in der sexuellen Kommunikation.

Wenn wir innerlich loslassen und Gott unser Sexualleben anvertrauen, können wir alle Urteile, die wir über uns selbst fällen, einfach vergessen, damit die Sexualität zu einem *spirituellen* Aspekt einer liebevollen und aufrichtigen Beziehung werden kann. Dann ist Sex vielleicht nichts anderes, als den Partner sanft am Hals zu berühren, nebeneinander zu liegen, Haut an Haut, während die übrige Welt in der Ferne verschwindet; aber Sex kann natürlich auch bedeuten, daß sich beide voll und ganz körperlich hingeben.

Sagen Sie Ihrem Partner, in welcher Weise Sie von ihm berührt werden möchten und wie Sie ihn gerne berühren würden.

Eine Beziehung aufbauen, die alle *Bereiche umfaßt ...*

Man betrachtet die Sexualität oft als Barometer für all die anderen Aspekte einer Partnerschaft. Aber sie kann nicht die alleinige Basis einer innigen Verbindung sein. Wenn im Sexualbereich etwas nicht stimmt, ist das vielleicht ein Zeichen dafür, daß wir uns in anderer Hinsicht mißverstehen. Nehmen wir uns also genügend Zeit, um die Beziehung zu vertiefen – oder gleichen wir zwei Schiffen, die im Dunkeln aneinander vorbeifahren? Wie oft kommt es vor, daß wir beide nur füreinander Zeit haben?

Abenteuer erleben, spielen, nachdenken – all diese Tätigkeiten bilden ein solides Fundament für unsere sexuelle Beziehung. Wenn wir gemeinsam Zeit finden, um unsere Freuden und Kümmernisse miteinander zu teilen, um uns zu vergnügen und zusammen herumzualbern, verstärken wir das Band zwischen uns. Wenn wir unsere Kraft dafür verwenden, eine Beziehung aufzubauen, die *alle* Bereiche umfaßt, dann wird auch der Sex mehr Spaß machen und noch erfüllender sein.

Planen Sie ein gewisses Maß an Zeit ein, in der Sie gemeinsam Entspannung finden und spielen.

Sich so zeigen, wie man in Wirklichkeit ist –
hinter der Maske ...

Sexuelle Intimität läßt sich damit vergleichen, daß Sie einen Menschen einladen, den privatesten und vertraulichsten Ort Ihres Hauses zu besichtigen; daß Sie dem Freund ein von Ihnen hochgeschätztes Musikstück vorspielen; daß Sie es wagen, jemandem ein Bild oder ein Gedicht zu zeigen, das von Ihnen stammt, oder daß Sie ein Geheimnis offenbaren – und also zu erkennen geben, wer Sie in Wirklichkeit sind: hinter Ihrer Maske. Sexuelle Intimität gleicht einer Freundschaft, in der beide so viel Vertrauen zueinander haben, daß alle Hemmungen abgelegt werden: Sie offenbaren Ihre wahren Gefühle – aus Freude darüber, daß eine so enge Verbindung hergestellt wird, und im Vertrauen darauf, daß Sie akzeptiert werden. Auch ohne Risiken, Vertrauen oder bejahende Einstellung kann Sex befreiend wirken, aber er hat dann nicht immer etwas mit wahrer Intimität zu tun.

Sexuelle Intimität entsteht nur, wenn wir uns selbst kennen und lieben. Andernfalls riskieren wir nicht, daß ein anderer Mensch uns kennt und liebt. Diese Art von Vertrautheit kommt nicht über Nacht, sondern sie entwickelt sich im Laufe unseres Zusammenseins, hängt von Mißverständnissen und deren Beseitigung ab, gedeiht mit dem Gefühl, akzeptiert zu werden, und mit den Gelegenheiten, die wir wahrnehmen, den Partner zu akzeptieren.

Nennen Sie Ihrem Partner ein intimes Detail, das Sie an ihm schätzen

Wir bringen unsere zärtlichen Gefühle offen zum Ausdruck

Männer und Frauen haben oft unterschiedliche Bedürfnisse, und so bekommen auch die sexuellen Erfahrungen eine jeweils andere Bedeutung. Der eine Partner legt vielleicht mehr Wert auf die emotionale Verbindung als auf die körperliche; für den anderen mag es gerade umgekehrt sein. Wie gehen wir mit solchen Unterschieden am besten um? Indem wir allmählich akzeptieren, daß beide Seiten eine enge Beziehung wünschen. Wir finden heraus, wie unser Partner sie sich im einzelnen vorstellt, und bemühen uns, ihn zu verstehen. Wir brauchen dabei nicht auf die eigenen Bedürfnisse zu verzichten. Aber wenn wir darauf bestehen, daß sich der Partner ändern soll, nur um unsere Wünsche zu erfüllen, werden wir mit größter Wahrscheinlichkeit bald unglücklich, enttäuscht oder einsam sein.

Wir beide wollen eine intensive Partnerschaft. Was können wir also tun, damit sie auch wirklich zustande kommt und funktioniert? Wir bringen zum Beispiel unsere zärtlichen Gefühle immer auf einfache und ehrliche Weise zum Ausdruck. Und wir müssen oft miteinander Kontakt haben, um die Beziehung zu festigen. Wenn all das geschieht, entwickelt sich unsere sexuelle *und* emotionale Kommunikation zu einem wichtigen Bestandteil einer umfassenden, intimen und lebensspendenden Erfahrung.

Sagen Sie Ihrem Partner, wie Sie die Beziehung in emotionaler und in sexueller Hinsicht empfinden.

Es gibt noch einiges zu klären zwischen uns ...

Wenn wir auf jene winzigen Signale reagieren, die uns darauf aufmerksam machen, daß etwas nicht stimmt, können wir größere Probleme vermeiden. Wenn wir in der Beziehung zum Beispiel starke Angstgefühle verspüren, so ist das ein Zeichen dafür, daß es zwischen uns und dem Partner noch einiges zu klären gibt. Gerade indem wir solche Fragen stellen, denen wir sonst immer ausweichen, ergeben sich zwangsläufig neue Lösungsmöglichkeiten. Unsere Angst weist darauf hin, daß wir uns irgendwo nicht ganz sicher fühlen. Wenn wir uns also sagen, diese Angst sei unlogisch, und sie nicht weiter wichtig nehmen oder dadurch übertrieben reagieren, daß wir uns aus der betreffenden Situation völlig „ausklinken", dann versäumen wir in beiden Fällen die Gelegenheit, die Angst zu beseitigen.

Wie erleichtert wir uns doch fühlen, sobald wir unsere ängstlichen Regungen besser verstehen und anfangen, mit dem Partner darüber zu sprechen. Wir geben die Geheimnisse, die zwischen uns bestehen, einfach auf und bemühen uns um gegenseitiges Verständnis. Wenn die Kommunikation funktioniert, löst sich auch der Knoten in unserem Magen, und in unserer Beziehung kommt wieder das Lichte und Wunderbare zum Vorschein.

Erkennen und beschreiben Sie die Signale, die Ihnen der Körper sendet, um damit zu zeigen, daß in Ihrer Beziehung der eine oder andere Punkt näher beleuchtet werden muß.

Wenn wir allein sind, obwohl der Partner da ist ...

In der Wüste allein zu sein ist weniger schmerzlich, als sich an der Seite des Partners allein zu fühlen. Wenn wir still und heimlich einfach „zumachen", weil der andere uns offensichtlich verletzt hat, verhindern wir die Heilung der Wunde. Wir mögen die innere Trennung vom Partner gefühlsmäßig rechtfertigen, indem wir uns sagen, daß wir in Zukunft einfach nicht mehr leiden möchten, und sind vielleicht auch fest davon überzeugt, daß er sich sowieso nie ändern wird. Jeder hat eine bestimmte Art, sich aus der Beziehung „zurückzuziehen" und das Gefühl von Einsamkeit aufrechtzuerhalten.

Wenn wir unter dieser Entfremdung immer mehr leiden, müssen wir uns zurückbesinnen auf das, was einmal war, und das gemeinsame Gespräch wiederaufnehmen. Das geschieht dadurch, daß wir dem Partner sagen, wie es zu unserem „Verschwinden" kam, und ihn bitten, uns im seelischen Heilungsprozeß beizustehen. Sobald wir über die eigenen Gefühle sprechen und verstanden werden, stellen wir einen echten Kontakt zum anderen her und sind nicht mehr länger allein!

Um Ihre Beziehung hier und heute zu vertiefen, sollten Sie Ihrem Partner erzählen, auf welche Weise Sie schon einmal „weggetaucht" sind.

Wir fragen uns:
„Wie finde ich nur die richtigen Worte?"

Um in einer intimen Beziehung über alles sprechen zu können, müssen wir uns frei fühlen. Es ist sehr schwer, manche Dinge zu sagen – ein altes Geheimnis zu lüften, das wir immer für uns behalten haben; eine Empfindung oder Beobachtung auszudrücken, von der unser Partner nichts wissen will; einen Fehler einzugestehen, den wir einmal begangen haben und jetzt unbedingt beichten müssen. Wir fragen uns: „Wie finde ich nur die richtigen Worte? Wie kann ich vermeiden, daß ich dadurch mich selbst oder meinen Partner verletze?"

Nicht alles muß auf einmal gesagt werden. Zunächst kommt es auf die innere Bereitschaft an: Wir können uns auf die Unterredung vorbereiten. Dann ist das Timing wichtig: Wenn wir uns gerüstet fühlen, warten wir einen günstigen Moment ab, in dem wir unsere Botschaft am besten vorbringen können. Und schließlich spielt auch die Liebe eine wichtige Rolle: Aufrichtigkeit gepaart mit Achtsamkeit und Liebe verheißt Heilung und Stärkung. In einer sich entwickelnden Beziehung ist ein gewisses Maß an Schmerz einfach unumgänglich. Da er aber am Ende ein noch größeres Verständnis und einen noch tieferen geistigen Frieden bewirken wird, können wir ihn durchaus ertragen.

Denken Sie darüber nach, was Sie Ihrem Partner über Ihre Gedanken, Gefühle und Verhaltensweisen jetzt zum ersten Mal anvertrauen möchten.

Der Kummer kann eine Durchgangsstation sein auf dem Weg zu einer äußerst tiefen Beziehung

Die Leute sagen oft: „Ich möchte dich nicht mit meinen Schwierigkeiten belasten, du hast sowieso schon genug Sorgen." Wenn wir jedoch unserem Partner oder engen Freund von den eigenen Problemen erzählen, läßt der seelische Druck nach, und das innere Gleichgewicht wird wiederhergestellt. Wenn wir jemandem über unsere Erfahrungen und damit zusammenhängenden Gefühle berichten, können wir leichter herausfinden, was es mit ihnen auf sich hat, selbst wenn sie uns zunächst nur willkürlich und wirr erscheinen. Sobald wir anderen Menschen etwas mitteilen, verlassen wir unsere einsame Insel, so daß dann auch der Partner und die Freunde an unserem Leben teilhaben können.

Es überrascht uns vielleicht, daß sich die Knoten in unserem Magen spürbar auflösen, sobald wir unsere Geschichten erzählen und unsere Sorgen und Betrübnisse loswerden. Nichts macht uns einsamer als der Kummer. Aber er kann auch eine Durchgangsstation sein auf dem Weg zu einer äußerst tiefen Beziehung. Wenn wir die Hand ausstrecken und mit den uns nahen Menschen sprechen, reißen wir die Mauern ein, die uns von ihnen trennen, und bauen Brücken, die uns zu ihnen führen.

Sagen Sie Ihrem Partner alles, was Sie heute bekümmert.

Was wir mehr ersehnen als den Gewinn einer Schlacht ...

Wenn es in unserer Beziehung Konflikte gibt, denken wir vielleicht, daß der Partner immer das letzte Wort hat. Wir stellen uns vor, wie gut es wäre, nur einmal die Oberhand zu behalten. Wenn unsere Beziehung wie ein Pokerspiel ist, dann kassiert der Gewinner alles. Wir strampeln uns ab, um nahezu alles zu unseren Gunsten zu entscheiden, koste es, was es wolle. Wenn der Partner den Sieg davonträgt, fühlen wir uns als Verlierer. Wenn wir einen Punkt erzielen, hat er das Gefühl, der Unterlegene zu sein. Aber wenn am Ende beide verlieren, was haben wir dann gewonnen? Eines ganz gewiß nicht, nämlich innere Gelassenheit.

Was versprechen wir uns von einer Liebesbeziehung? Wollen wir so lange weiterkämpfen, bis wir den anderen endgültig k.o. geschlagen haben? Nein. Wir wollen Freundschaft und Intimität. Um diese seltsamen Spielereien zu umgehen, muß einer der beiden Partner den Mut haben zu sagen, was er weitaus höher einschätzt als den Gewinn einer Schlacht. Wenn wir für Verständigung sind, dann wird auch unsere Beziehung immer besser werden.

Zählen Sie einmal all das auf, was Sie sich von Ihrer Beziehung wirklich erhoffen.

Das Abenteuer einer tiefen Beziehung besteht darin, daß man deutlich seine Meinung vertritt

Dieses Gefühl tiefer Verbundenheit, das wir sehnlichst mit unserem Partner teilen möchten, stellt sich dann ein, wenn wir ihm sagen, was in unserem Kopf vorgeht. Wir sollten nicht mehr herumraten, was der andere wohl denkt und fühlt, und uns auch nicht mehr gegen alle möglichen Kränkungen wappnen. Eine lebendige Beziehung verlangt nicht so viel Vorsicht, daß wir dauernd darauf achten müßten, einander ja nicht falsch anzufassen. Auf gelegentliche Beleidigungen und Mißverständnisse sind wir durchaus vorbereitet.

Den geliebten Menschen kränken wir am meisten dadurch, daß wir ihm gegenüber nicht ehrlich sind. Wenn es zum Gespräch kommt, werden wir ihm im ersten Anlauf vielleicht nicht sagen, was wir wirklich sagen wollen. Es kann auch sein, daß wir erst dann merken, wie er gefühlsmäßig auf unsere Ausführungen reagiert, wenn er sich tatsächlich darüber äußert. In starken, lebendigen Beziehungen sind beide Partner bereit, das Gespräch auch dann fortzusetzen, wenn der eine sich verletzt und mißverstanden fühlt oder anderer Meinung ist. Das Abenteuer einer tiefen Beziehung besteht darin, daß man die eigenen Gedanken und Gefühle vollständig zum Ausdruck bringt und dann so lange weiterspricht, bis sie klar und verständlich sind.

Erzählen Sie Ihrem Partner von einer Sache, die Sie bisher für sich behalten haben.

Wir sind vielleicht überrascht, welch ein Schatz in uns verborgen liegt

Nicht alle Geheimnisse sind schlecht. Einige davon sind eher uneingestanden, unausgesprochene Rätsel als düstere, destruktive Kräfte. Tief im Innern wissen wir vielleicht, was es heißt, eine intime Beziehung eingegangen zu sein, aber wir haben unter Umständen noch nie mit jemandem darüber gesprochen. Wir spüren zwar, wie sich unser Leben infolge der Partnerschaft geändert hat, aber es kann sein, daß wir nicht einmal uns selbst ausdrücklich klarmachen, was da im einzelnen passiert ist. Ein Musikstück mag uns zutiefst berühren, aber wir finden nicht die rechten Worte dafür. Solche Geheimnisse sind wertvoll und verdienen es, daß wir sie wie einen kostbaren Schatz hüten.

Wenn wir dennoch versuchen, unsere Geheimnisse in Worte zu fassen, sind wir vielleicht überrascht, welch ein Schatz in uns verborgen liegt. Denn sie können uns unheimlich Kraft geben oder die Begegnung mit jenen Menschen herbeiführen, die uns wirklich verstehen. Für die Liebenden ist es ein aufregendes Erlebnis, derartige Geheimnisse voreinander zu enthüllen. Also, fangen Sie an damit, indem Sie zum Beispiel folgende Fragen beantworten: Worin besteht für Sie die wichtigste Lektion in Sachen Intimität, seit Sie mit Ihrem Partner zusammen sind? Welche bisher verschwiegenen Ratschläge würden Sie Ihrem Sohn oder Ihrer Tochter geben, damit er oder sie in der Liebe das große Glück findet? Wie würden Sie, wenn Sie es sich aussuchen könnten, den letzten Tag Ihres Lebens verbringen?

Wählen Sie eines Ihrer strenggehüteten Geheimnisse aus, und versuchen Sie, es Ihrem Partner in allen Einzelheiten mitzuteilen.

Durch unser Schweigen bleiben wir
weiterhin isoliert

Die Redewendung „Stille Wasser sind tief" mag auf Bäche und Seen zutreffen, aber nicht unbedingt auf jemanden, der sich für eine intime Beziehung entschieden hat. Durch unser Schweigen bleiben wir weiterhin abgetrennt von den Menschen, die wir lieben – und von uns selbst. Um einander näherzukommen, müssen wir die anderen wissen lassen, was wir denken und fühlen. Sobald wir einfach nur kurz ausdrücken, was in uns vorgeht, können wir die Dinge besser überschauen.

Behalten wir dagegen alle Gedanken für uns, dann versinken wir vielleicht immer tiefer in diesen stillen Wassern, bis wir fast ertrinken. Ein Problem, das verschwiegen wird, wächst sich weiter aus und fordert um so mehr Kraft. Aber wenn wir es zur Sprache bringen, können wir es auch aufarbeiten und lösen, um uns dann mit etwas anderem zu beschäftigen.

Wählen Sie eine Sache aus, die Ihnen mehr oder weniger Sorgen bereitet, und besprechen Sie sie mit Ihrem Partner.

Zuerst einmal schauen wir auf uns selbst

Wir tun etwas ganz Bestimmtes und wollen nicht, daß der Partner davon erfährt, weil diese Sache ein schlechtes Licht auf uns werfen könnte. Aber was ist damit gewonnen, wenn wir sie verheimlichen? Unser Geheimnis mag zwar gewahrt bleiben, aber jene Trennwand, durch die wir keine offene und intime Beziehung zu unserem Partner haben können, wird noch etwas höher. Unsere kleine Notlüge schützt unsere Beziehung nicht, sondern schädigt sie. Und indem wir auf diese Weise unsere Selbstachtung untergraben, leidet auch die Beziehung zu uns selbst. Nach kurzer Zeit werden wir mißtrauisch gegenüber anderen, weil wir glauben, daß sie ebenfalls nicht ehrlich sind oder uns in irgendeiner Form manipulieren wollen.

Dadurch projizieren wir diesen „Infekt" unserer Seele auf den Partner. Wenn wir davon überzeugt sind, daß er uns in eine bestimmte Richtung drängen will, sollten wir uns zunächst einmal mit den eigenen Manipulationsversuchen auseinandersetzen. Auch wenn unser Partner Schwächen und Fehler hat, so bringen wir die gemeinsame Beziehung doch am besten dadurch weiter, daß wir als erstes auf jenen Menschen schauen, den wir als einzigen ändern können – nämlich auf uns selbst.

Denken Sie einmal darüber nach, ob Sie Ihrem Partner gegenüber ehrlich sind. Können Sie die Beziehung verbessern, indem Sie eine falsche Botschaft, die Sie ihm übermittelt haben, jetzt richtigstellen?

Stark genug, um mit allen Schwierigkeiten fertig zu werden ...

Die beiden Ehepartner sagten sich, wenn sie es irgendwie vermeiden konnten, nie etwas Negatives. Immer beschützten sie sich gegenseitig vor schlechten Nachrichten. Ihre Nachbarn waren allerdings nicht ganz so vorsichtig mit dem, was sie sagten. Sie hatten eine positive Einstellung zum Leben, waren aber überzeugt davon, daß man die Realität nicht zurechtbiegen oder den eigenen Worten anpassen sollte, und so sagten sie sich stets, „was Sache ist". Das erste Ehepaar schien zunächst gelassener und ruhiger zu sein, während ihre Nachbarn offensichtlich mehr Aufregung und Chaos bewältigen mußten. Aber mit der Zeit wirkte die beschützende Einstellung wie ein Keil, der die erstgenannten Eheleute still und heimlich auseinandertrieb, als immer mehr ungelöste Probleme ignoriert oder beschönigt wurden. Die anderen dagegen waren sich immer darüber im klaren, was zwischen ihnen ablief. Sie mußten sich nicht fragen, welche Wahrheit sich hinter den Worten des Partners verbarg, und setzten sich mit den Problemen auseinander, sobald welche auftauchten. Allmählich wurde die Intimität ihrer von Vertrauen geprägten Beziehung immer größer.

Schlechte Nachrichten sind genauso Bestandteil des Lebens wie gute Nachrichten. Wenn wir uns auf das Leben einlassen, weichen wir auch nicht vor Problemen zurück: Wir tun dem geliebten Wesen einen Gefallen damit, daß wir ihm die Wahrheit sagen. Dann ist unsere Beziehung stark genug, um mit allen Schwierigkeiten fertig zu werden.

Beschreiben Sie, wie Sie in Ihrer Beziehung mit guten und mit schlechten Nachrichten umgehen.

Natürlich machen uns gewisse Dinge angst. Jeder Mensch auf dieser Erde hat Ängste, ob er nun in einer einsamen, friedlichen Hütte an einem Gebirgspfad lebt, in einer Stadtwohnung an einer lauten, vielbefahrenen Straße oder in einem Vorort-Bungalow mit drei Schlafzimmern. Vielleicht machen wir uns Gedanken über die Gefahren oder schwierigen Zeiten, mit denen wir künftig fertig werden müssen. Wir sind beunruhigt wegen möglicher Unfälle oder Verbrechen, wegen eines drohenden Krieges oder aufgrund der verschmutzten Umwelt, und sorgen uns um unbezahlte Rechnungen, um unsere Gesundheit und unsere Kinder. Sobald wir einmal anfangen nachzudenken, können wir eine lange Liste unserer Ängste aufstellen. Und in der Tat begegnen wir ihnen am besten dadurch, daß wir sie schriftlich festhalten oder auch malerisch ausdrücken.

Wörter und Bilder repräsentieren unsere innere Erfahrung; sie helfen uns, die eigenen Ängste zu benennen und zu beschreiben, so daß wir sie bewältigen können und unsere Kraft wiederfinden. Wenn wir diese Ängste nicht ausdrücken, können sie Macht über uns gewinnen. Aber sobald wir sie uns vergegenwärtigen, sind sie sozusagen keine Felsblöcke mehr, die auf uns lasten, sondern Trittsteine, um weiterzukommen. Dann können wir uns wieder daran erinnern, daß wir von Tag zu Tag leben. Das heißt: Wir können heute den unumgänglichen Tatsachen ins Auge sehen und die Probleme von morgen dem morgigen Tag überlassen.

Erzählen Sie Ihrem Partner von einer Sache, die Ihnen mit am meisten Angst einjagt.

Zuweilen besteht unsere Unterstützung auch darin, daß wir schlechte Nachrichten überbringen

Eine Partnerbeziehung beruht auf der unausgesprochenen Vereinbarung, sich gegenseitig zu unterstützen. Sie ist dann intakt, wenn sie in beiden Menschen die besten Eigenschaften fördert. Das heißt zum Beispiel, daß wir den Partner dazu ermutigen, gewisse Risiken einzugehen, wenn er Fortschritte machen oder etwas Neues ausprobieren möchte; daß wir seine Stärken wahrnehmen und sagen, was wir an ihm besonders schätzen; daß wir zuweilen auch schlechte Nachrichten überbringen, nicht einverstanden sind mit verletzenden Verhaltensweisen oder eine unbequeme Wahrheit aussprechen, die nur ein liebevoller Partner überhaupt zu thematisieren vermag.

Manchmal aber läßt uns die Beziehung auch schweigsam werden. Etwas hält uns davon ab, das auszudrücken, was wir schätzen, fühlen oder glauben. Außerdem fällt es einigen Menschen leichter, einer dritten Person zu erzählen, was sie an ihrem Partner mögen, als es ihm direkt zu sagen. Verweigern wir also mehr oder weniger unsere Anerkennung und Unterstützung? Um dies zu beantworten, müssen wir weitere Fragen stellen: Will ich wirklich so sein, wie ich jetzt bin? Hat mein Verhalten den Effekt, den ich mir wünsche? Und entspricht das, was ich tue, tatsächlich meinen Wertvorstellungen? Unsere Spiritualität entwickelt sich in dem Maße, wie wir das eigene Bewußtsein schärfen.

Sagen Sie Ihrem Partner einige Dinge, die Sie an ihm besonders schätzen.

Konfliktlösungen

Respekt entwickelt sich erst im Laufe des Zusammenlebens

Das einfache Wort *Respekt* spielt in jeder intimen Beziehung eine große Rolle. Man mag sich plötzlich zu einem bestimmten Menschen hingezogen fühlen, eine leidenschaftliche Affäre mit ihm haben und seine Gesellschaft in besonderem Maße genießen. Aber Respekt entwickelt sich erst im Laufe des Zusammenlebens, wenn wir die besten Eigenschaften des anderen gerade durch die alltägliche Routine und in stressigen Phasen kennengelernt und unsere Selbstachtung auch ihm gegenüber zum Ausdruck gebracht haben. Der gegenseitige Respekt ist dann der Grundpfeiler einer dauerhaften Liebesbeziehung.

Ja, Respekt ist ein Beweis unserer Liebe. Er zeigt sich etwa darin, daß wir ruhig zuhören, wenn der andere uns etwas sagen möchte, und daß wir die eigenen Meinungen und Wünsche offen aussprechen. Er wird dadurch spürbar, daß wir einem Menschen in die Augen sehen, ihn sanft berühren, ihn begrüßen bei seiner Ankunft, ihm auf Wiedersehen sagen, sobald er geht, in seine Privatsphäre nur dann eindringen, wenn er es gestattet – und ihn nicht ständig kontrollieren, wenn er einmal Fehler macht.

Sagen Sie Ihrem Partner, wovor Sie bei ihm am meisten Respekt haben.

Wir bekommen die nötige Unterstützung, um neue Verhaltensweisen an den Tag zu legen

Es gibt Zeiten, da unser Partner derart ärgerliche Dinge tut, daß wir um uns schlagen könnten, um es ihm irgendwie heimzuzahlen. Wir möchten am liebsten losschreien, laut fluchen oder gar handgreiflich werden. Andere Taktiken sind vielleicht etwas subtiler, aber im Grunde genauso verletzend. Wir strafen den anderen mit unserem Schweigen oder machen ihn schlecht vor Familienmitgliedern und Freunden. Es kann auch sein, daß wir uns selbst als hilfloses Opfer darstellen, damit die Leute wütend auf unseren Partner sind. Wenn wir zu solchen Mitteln greifen, um „Gerechtigkeit" zu erlangen, dann erhalten wir gerade jenes falsche „System" aufrecht, das uns so verhaßt ist.

Durch das Zwiegespräch mit einem engen Freund, einem Therapeuten oder mit unserer Höheren Macht können wir die nötige Unterstützung bekommen, um neue Verhaltensweisen an den Tag zu legen. Mit Hilfe richtiger Unterweisungen lernen wir dann, Konflikte zu lösen, ohne den Krieg fortzusetzen. Es ist nicht schwer, eine halsstarrige Einstellung mit irgendwelchen Gründen zu rechtfertigen. Aber die eigentliche Arbeit an unserer Beziehung besteht doch darin, aufmerksam wahrzunehmen und zu verstehen, was den anderen dazu veranlaßt, so zu sein, wie er ist. Wenn wir hier klarer sehen, ist es ein leichtes, uns selbst und dem Partner zu verzeihen.

Welche Lektion haben Sie im Umgang mit jenen Situationen gelernt, da Sie Ihrem Partner regelrecht an den Kragen wollten?

Wenn es zwischen uns und dem Partner ungelöste Probleme gibt, ziehen wir uns oft emotional zurück. Wir errichten eine Mauer, die uns noch mehr voneinander trennt, anstatt aktiv den Konflikt zu bereinigen. Vielleicht betrachten wir das Ganze als Machtspiel, um einmal herauszufinden, wer am Ende die Waffen streckt und als erster das Gespräch eröffnet – oder sich entschuldigt. Insgeheim denken wir vielleicht sogar, dies sei eine Bewährungsprobe für die Liebe. „Wenn sie mich wirklich liebt, wird sie schon auf mich zugehen." Die Menschen merken nicht, wie hoch der Preis ist, den sie für solche Spiele zahlen müssen.

Eben weil wir ein Liebespaar sind, unterliegt unsere Kommunikation anderen Regeln, als sie sonst in zwischenmenschlichen Beziehungen üblich sind. Wir beide vereinbaren nämlich, unsere schlimmsten Waffen beiseite zu legen und sie niemals gegeneinander einzusetzen. Wir sind bereit, dem anderen unsere Schwächen zu offenbaren und die seinen nicht auszunutzen. Auf diese Weise können wir die Barrieren zwischen uns beseitigen und verhindern, daß jeder in einer Art Gefängnis lebt. Dann macht uns die Beziehung frei und gibt uns mehr Kraft, als wir allein je haben könnten.

Benennen Sie eine dieser emotionalen Barrieren, hinter der Sie sich gefangen fühlen.

Die Probleme lösen, ohne daß zerstörerische Nachwirkungen entstehen ...

Der Streit zwischen Liebenden kann gerade durch die Leidenschaft und Verletzlichkeit, die ihre enge Verbindung kennzeichnen, noch heftiger werden. Aber ginge es nicht um die Liebe und Intimität zwischen uns, würden wir auch nicht so empfindlich reagieren und unsere Differenzen eher mit kühlerem Kopf und mehr Sachverstand beilegen. Das Gefecht wird manchmal eben deshalb hitziger, verletzender, ja destruktiver, weil uns am anderen soviel liegt und wir uns ihm gegenüber extrem ungeschützt fühlen.

Wenn wir mitten in der Auseinandersetzung uns einfach daran erinnern, *daß dies ein Disput zwischen Liebenden ist,* können wir schon vieles klarer sehen. Wir kämpfen nicht in dieser Weise, weil wir einander hassen, sondern weil wir einander lieben. Vielleicht haben wir auch Angst. Wir sollten dann gemeinsam versuchen, ruhiger zu werden, damit die Probleme gelöst werden, ohne daß zerstörerische Nachwirkungen entstehen.

Erzählen Sie, wie Sie sich einmal wie Liebende gestritten haben.

Wir erlangen ein höheres Maß an persönlicher *Würde*

Mit der Zeit bekommt jeder von uns all das ab, was der andere auszuteilen imstande ist. In äußerst anstrengenden Phasen lassen wir manchmal unsere schlechtesten Eigenschaften hervortreten. Vielleicht fühlen wir uns krank, verlieren unseren Job oder glauben, daß man uns in einer strittigen Angelegenheit persönlich angreift. Solche Vorkommnisse scheinen unsere Existenz zu gefährden oder zumindest unsere Würde in Frage zu stellen – und sie schränken unsere Handlungsfähigkeit extrem ein. Wenn wir das Gefühl haben, daß unsere Selbstachtung „unter Beschuß" ist, werden wir darauf wahrscheinlich mit einem Angriff auf die Würde unseres Partners reagieren.

Sobald wir bewußter mit unserer Beziehung umgehen, können wir uns auch leichter auf die eigene Gefühlsskala einstellen. Wenn wir also glauben, unsere Würde oder gar unser Weiterleben sei in Gefahr, sagen wir dann verletzende und boshafte Dinge zu unserem Partner? – Wenn etwas aus den Fugen geraten ist, sollten wir innehalten und genau darauf achten, ob unsere Würde oder unser Leben tatsächlich auf dem Spiel steht. Sodann können wir beschließen, nicht gleich wieder impulsiv zu reagieren, sondern erst einmal auszudrükken, wie wir uns fühlen. Wenn wir so handeln, erlangen wir ein höheres Maß an persönlicher Würde.

Machen Sie sich klar, welche stressige Situation Sie auf das niedrigste Niveau Ihrer doch reifen Persönlichkeit zurückwirft.

Wut kann konstruktiv und kreativ sein

Die Wut ist eine starke Empfindung. Sie kann jene Energie freisetzen, die wir brauchen, um für das Positive und Richtige einzutreten und das eigene Überleben zu sichern. Und wenn wir in unserer Wut trotzdem noch einen gewissen Respekt bewahren, kann sie genauso konstruktiv wie kreativ sein. Doch viele von uns wurden von anderen regelrecht eingeschüchtert, die ihrer Wut auf beleidigende Weise freien Lauf ließen, oder waren ganz erschreckt darüber, wie sie selbst, schnaubend und zornig, sich überhaupt nicht mehr in der Hand hatten. Wir haben nicht gelernt, zwischen Wut und Beschimpfung zu trennen.

Gefühle sind weder gut noch schlecht – aber Ehepaare entwickeln jeweils gute oder schlechte Verhaltensmuster, um mit der Wut, die in jeder Liebesbeziehung vorhanden ist, fertig zu werden. Einige Ehepartner zum Beispiel machen immer den anderen dafür verantwortlich, daß sie frustriert sind. Bei manchen ist es so, daß stets der eine dem anderen die Schuld gibt, die der dann wiederum bereitwillig auf sich nimmt. Es kann auch sein, daß beide sich gegenseitig heruntermachen und im Innersten bekriegen. Oder man läßt die eigene Wut vor lauter Angst erst gar nicht zum Vorschein kommen. Schließlich gibt es auch Menschen, die derart besessen sind von ihren Wutanfällen, daß sie sich nur dann lebendig fühlen, wenn sie alles kurz und klein schlagen. – Wenn wir also näher zueinander finden möchten, sollten wir unsere wahren Gefühle weder unterdrücken noch auf aggressive oder herabwürdigende Weise zum Ausdruck bringen, sondern ganz einfach offen und respektvoll.

Erinnern Sie sich an eine Situation, in der Sie oder Ihr Partner die Wut in offener und konstruktiver Weise herausließ.

Ein Gespräch wirkt beruhigend und beseitigt die innere Anspannung

Automatische Reaktionen haben ihren Ursprung in unserer menschlichen Natur und in unseren schmerzlichen Erinnerungen. Wenn wir unter Streß stehen, spannen wie die Muskeln an und aktivieren alle geistigen Kräfte, um uns für die Flucht oder auf den Kampf vorzubereiten. Durch bewußte Entscheidungen können wir jedoch diese spontanen Angstreaktionen umgehen und uns kreativere Vorgehensweisen zunutze machen. Mit den eigenen Ängsten konfrontiert, können wir nämlich lernen, gelassen zu bleiben, anstatt immer nur unüberlegt zu handeln.

Wir können miteinander über unsere Gefühle reden. Schon ein kurzes Gespräch wirkt beruhigend und beseitigt die innere Spannung. Außerdem können wir beten und meditieren – nicht um jene Dinge zu manipulieren, die wir sowieso nicht ändern können, sondern um die größte Fürsorge und höchste Weisheit von jener Macht zu empfangen, die uns übersteigt. Wir können immer wieder auf die einfache Lebensweisheit zurückgreifen, einen Tag nach dem anderen und Augenblick für Augenblick zu leben. Wir brauchen uns nicht mit den Problemen des heutigen Tages *und* auch noch mit jenen, die wir auf uns zukommen sehen, zu befassen. Mit etwas Übung können wir beschließen, gemäß unserer *ganzen* Persönlichkeit zu reagieren, anstatt das Opfer unseres spontanen Verhaltens zu sein.

Erstellen Sie eine Liste Ihrer Sorgen, und vertrauen Sie diese dann ganz bewußt der Fürsorge Ihrer Höheren Macht an.

Wir können unserer inneren Wahrheit lauschen

Es bedarf einer großen Lebenserfahrung, um zwischen dem wirklich Wichtigen und dem oberflächlich Trivialen unterscheiden zu können. Mut ist vonnöten, will man sich von weitverbreiteten Meinungen distanzieren und den unmittelbaren Druck von außen meiden, um der inneren Wahrheit zu lauschen. Wir erreichen diesen Punkt erst, wenn wir einiges durchgemacht haben und vielleicht einige Male in Sackgassen geraten sind, die zunächst aufregend und vielversprechend schienen. Viele von uns kennen das Gefühl von bohrendem Schmerz oder von abgrundtiefer Enttäuschung, weil bestimmte Dinge nicht so liefen, wie wir es geplant hatten. Aber vielleicht machen wir diese Erfahrungen gemeinsam und werden dadurch klüger.

Durch solche Mißgeschicke lernen wir dazu und verfügen über ein solideres Fundament fürs Leben. Wir gleichen jenem Mann, der in Gesellschaft von Freunden ängstlich auf sein gutes Aussehen bedacht war, bis er einen Herzinfarkt bekam und fast starb. „Seit ich dem Tod ins Auge gesehen habe", sagte er, „ist mir die äußere Erscheinung überhaupt nicht mehr wichtig. Es kommt vielmehr darauf an, was für ein Mensch man *im Innern* ist."

Nennen Sie Ihrem Partner eine Sache, die Ihnen wichtiger ist als sein äußeres Aussehen.

Eine echte Entschuldigung, wenn der andere sie verdient hat ...

Einige von uns haben sich angewöhnt, jedes Mal „Tut mir leid" zu sagen, wenn der Partner gekränkt oder mit unserem Verhalten unzufrieden ist. Wir möchten ihm gefällig sein oder einem Konflikt aus dem Weg gehen, und so entscheiden wir uns, den äußeren Frieden mit all den damit verbundenen positiven Gefühlen zu wahren, anstatt die aufgetretenen Probleme wirklich zu lösen und den Schaden wiedergutzumachen. Wahre Wiedergutmachung beginnt damit, daß wir unseren Fehler bereuen, und führt im weiteren dazu, daß wir uns bemühen, unser Verhalten oder unsere Einstellung zu ändern. Wenn wir nur leere Entschuldigungsformeln von uns geben und auf unsere Worte keine Taten folgen lassen, schaden wir uns selbst und zehren das gegenseitige Vertrauen auf.

Eine ehrlich gemeinte Entschuldigung ist immer persönlich, klar und konkret. Sie weist darauf hin, daß wir unser Verhalten künftig ändern möchten. Der persönliche Aspekt bringt zum Ausdruck, daß es uns leid tut, *diesen Menschen* verletzt zu haben. Klar und konkret benennen wir, welche spezielle Handlung wir bedauern. Anschließend legen wir dar, in welcher Weise der Schaden wiedergutgemacht werden soll. Wenn wir sagen: „Tut mir leid, daß es dir schlecht geht", drücken wir zwar unser Mitgefühl aus, entschuldigen uns aber nicht für das eigene Verhalten. Denn es ist nicht die Rede davon, daß wir ein konkretes Verhalten bereuen. Wenn unsere Entschuldigung gegenüber dem Partner echt ist und er sie auch verdient hat, wenn sie zudem durch unser Tun bekräftigt wird, dann ist dies die beste Methode, um in der Beziehung Respekt und Vertrauen zu erzeugen.

Erzählen Sie Ihrem Partner, was Sie in einem konkreten Fall – aufgrund Ihrer Entschuldigung – gerade anders machen oder zumindest zu ändern versuchen.

Wir werden wütend, weil *uns am anderen soviel liegt*

Wir sind durch starke Gefühle miteinander verbunden. Wenn jemand, den wir kaum kennen, eine boshafte Bemerkung macht, denken wir gar nicht weiter darüber nach. Aber wenn die Stimme unseres Partners einen bestimmten Tonfall annimmt oder wenn nur eine Augenbraue hochgezogen wird, steigt unser Blutdruck schlagartig an. Ist es eine unserer fixen Ideen, daß die perfekte Beziehung immer konstruktiv und problemlos sein sollte? Und in der Wut, fragen wir uns da manchmal, ob dieser Mensch überhaupt der richtige für uns ist? Partnerschaften, die ein Leben lang halten, sind wesentlich stärker und intensiver als jene „wundervollen" Beziehungen, die in romantischen Liedern immer wieder besungen werden

Wir werden wütend, *weil* uns am anderen soviel liegt. Wir drücken unsere Gefühle aus – auch die negativen –, und gerade dadurch bejahen wir unsere Verbindung. Wir können zum Beispiel sagen: „Ich bin wütend und sage es dir auch, damit wir die Sache aus der Welt schaffen können." Die andere Möglichkeit – die eigene Wut zwar zu empfinden, aber nicht herauszulassen – untergräbt die Beziehung und schafft Distanz. Zu lernen, wie man starke Gefühle mitteilt, aufnimmt und dann auch bewältigt, ist eine der großen Aufgaben in einer dauerhaften Beziehung.

Erinnern Sie sich gemeinsam an einen Fall, in dem eine Auseinandersetzung Ihre Beziehung noch weiter vertieft hat.

In unserer intimen Beziehung verstärkt sich ein Konflikt meistens nicht deshalb, weil wir dem anderen Leid zufügen möchten, sondern weil wir lieber auf dem eigenen Standpunkt beharren, anstatt uns auf die *Beilegung des Streits* zu konzentrieren. Wenn wir felsenfest davon überzeugt sind, daß der Partner unrecht hat, lügt, uns kontrolliert oder einfach verrückt macht, dann werden wir im Zusammenleben mit ihm auch nichts anderes kennenlernen.

Um eine Änderung herbeizuführen, dürfen wir nicht mehr nur *unsere* Position sehen, .sondern müssen aufrichtig versuchen, die *des Partners* zu verstehen. Manchmal dauert der Konflikt allein deshalb an, weil wir entschlossen sind, den Sieg davonzutragen. Wenn wir eine solch starre Einstellung aufgeben, können wir unserem Partner allmählich auch wieder zuhören. Bleiben wir dagegen ausschließlich auf unseren eigenen Standpunkt fixiert, werden wir niemals begreifen, wie er die Dinge sieht. Um wirklich zuzuhören, müssen wir nicht unsere Meinung aufgeben, sondern nur unser Blickfeld erweitern, damit auch die Auffassungen des anderen darin Platz haben. Dann haben wir die Möglichkeit, gemeinsam wahre Intimität zu empfinden.

Sagen Sie Ihrem Partner, was Sie über ihn im Verlauf eines kürzlich ausgetragenen Konflikts herausgefunden haben.

Eigenständigkeit

Intimität bildet die Brücke zwischen unseren unterschiedlichen Charaktereigenschaften

Wir sind darauf angewiesen, daß in allen Lebensbereichen ein gesundes Gleichgewicht herrscht. Die freudige Erregung, die mit der starken Anziehung zwischen Liebenden einhergeht, kann zu einer derart engen Verbindung führen, daß wir die eigene innere Entwicklung völlig vernachlässigen. Das heißt: Um der Beziehung willen unterdrücken wir unsere Persönlichkeit. Ohne Eigenständigkeit gibt es jedoch keine wahre Intimität. Denn diese bildet die Brücke zwischen unseren *unterschiedlichen* Charaktereigenschaften – so daß sie quasi aufeinandertreffen, anstatt miteinander zu verschmelzen oder ausgelöscht zu werden. Das Umgekehrte trifft ebenfalls zu: Wenn wir ständig unseren Willen durchsetzen wollen und allzusehr den eigenen Zielen verpflichtet sind, ohne dem anderen gegenüber großzügig zu sein und gemeinsame Aufgaben ins Auge zu fassen, bleibt nur noch Distanz, so daß keine Brücken mehr geschlagen werden können.

Manchmal verstärkt der glückselige Zustand des Partners das Glück, das wir in der Beziehung oder in uns selber empfinden. Wenn er einmal ohne uns weggeht, um einen Nachmittag oder ein Wochenende lang seiner Lieblingsbeschäftigung zu frönen, dann kommt das unserem vertrauten Umgang nur zugute – vorausgesetzt natürlich, daß solche Aktivitäten durch ein starkes Zusammengehörigkeitsgefühl „ausbalanciert" werden. Ebenso kann eine herzhafte Auseinandersetzung zwischen uns ein gesundes Aufeinandertreffen von Unterschieden bewirken – wenn wir sie so lange fortsetzen, bis sich eine Lösung ergibt.

Zählen Sie einmal die unterschiedlichen Interessen auf, die Sie und Ihr Partner haben und ihr gemeinsames Zuhause mit lebendigem Geist erfüllen.

Es ist ein Verrat an der Beziehung, wenn man sich selbst vollkommen aufopfert

Auf das eigene Wohlergehen bedacht zu sein ist eine liebevolle Einstellung. Wenn ein Mensch sich derart aufopfert, daß er für sich selbst fast gar nicht mehr sorgt, so ist das ein Verrat an der Beziehung. Wenn wir uns häufig übermüdet oder überlastet, zu sehr in Anspruch genommen oder zu schwach fühlen, um die Gaben der Freundschaft und des emotionalen Kontakts mit dem Partner genießen zu können, dann brechen wir einseitig die Abmachung, die zwischen uns beiden besteht.

Wir sind dazu verpflichtet, uns selbst zu hegen und zu pflegen, wie ein wertvoller Freund es tun würde, die eigenen Bedürfnisse wahrzunehmen und sie auch gegenüber den anderen deutlich zum Ausdruck zu bringen. Das heißt nicht, daß wir sagen: „Zuerst ich", sondern daß ganz einfach jeder die Möglichkeit hat, sich frei zu entfalten. Wenn wir uns ständig den Wünschen anderer fügen, sind wir nur körperlich anwesend – aber nicht geistig. Wahre Intimität kann sich nicht entwickeln, wenn jemand eine leere Hülse ist. Außerdem ist es ganz natürlich, daß unsere Bedürfnisse manchmal mit denen des Partners kollidieren, gerade auch dann, wenn wir ein offenes Gespräch miteinander führen. Das ist ein Zeichen von Vitalität, und also suchen wir eine Lösung, die beiden Seiten gerecht wird. Eine grundlegende Verhaltensregel für intime Beziehungen lautet: Wir werden dem anderen die Ehre erweisen, ihm zu sagen, was wir brauchen und wollen, und dann darüber auch genauer sprechen – um Platz zu schaffen für unsere jeweils unterschiedlichen Bedürfnisse.

Nennen Sie eines Ihrer Bedürfnisse, und machen Sie sich klar, wie Sie damit umgehen.

Wir können Zuflucht finden in unserem Innern

Wenn wir im Grunde ständig mit unserem Partner beschäftigt sind und ihn darüber hinaus noch zu kontrollieren versuchen, baut er unter Umständen einen unsichtbaren Schutzschild auf, der uns voneinander trennt und der jegliche Intimität zunichte macht. Das Problem besteht darin, daß wir durch dieses Fixiertsein auf den anderen die Verbindung zu der Stille in uns selbst verlieren. Wir opfern die eigenen Bedürfnisse, um dadurch über den anderen zu bestimmen. Wenn wir jedoch glauben, außer uns selbst irgend jemanden beherrschen zu können, täuschen wir uns gewaltig. Selbst unsere wohlwollendsten Absichten bewirken in dieser Hinsicht nur noch größere Spannungen.

Wenn wir wieder mehr zur Ruhe gekommen sind, können wir Zuflucht finden in unserem Innern. Wann immer die Beziehungen zu anderen Menschen schwierig und chaotisch sind, können wir uns an diesen Ort zurückziehen, ganz still sein und gelassen – denn uns ist bewußt, daß wir jetzt und auch sonst nur uns selbst in der Hand haben. Dann stehen wir – zusammen mit dem Partner – auf dem soliden Fundament tiefinneren Schweigens.

Beschreiben Sie eine Situation, in der Sie viel Klugheit benötigen, damit Sie zwischen dem, was tatsächlich verändert werden kann, und dem, was akzeptiert werden muß, zu unterscheiden wissen.

Wir bekennen uns zu selbständigem Denken und Handeln ...

Bisweilen kann es von großem Vorteil sein, sich selbst mit den Augen eines anderen zu sehen. Und tatsächlich müssen wir dazu auch imstande sein, um uns in die Menschen hineinzuversetzen und mit ihnen in Verbindung zu treten. Wenn wir diese Fähigkeit jedoch überstrapazieren, sehen wir das eigene Leben nur noch so, wie es der andere sieht, beurteilen unsere Handlungsweisen ausschließlich nach fremden Maßstäben und bekennen uns nie zu selbständigem Denken und Handeln.

Dadurch entsteht im Zentrum unseres Lebens ein großes Vakuum. Wir haben dann vielleicht Angst, das Recht auf einen eigenen Standpunkt noch wirklich geltend zu machen. Wenn wir dies dennoch tun, werden uns die Menschen zwar nicht immer verstehen, wir werden Fehler begehen, die wiedergutgemacht werden müssen, und jemand anders wird unter Umständen wütend auf uns sein – aber wir haben ja auch das Recht, ab und zu einmal den falschen Weg zu beschreiten.

Sobald wir ein Gefühl für uns selbst entwickeln, allmählich unsere Stärke empfinden und das Leben mit eigenen Augen betrachten, werden wir auch zu vollwertigen Partnern in unserer Beziehung.

Beschreiben Sie eine bestimmte Begebenheit oder Vorgehensweise, durch die Sie Ihr Leben mit den Augen eines anderen sahen.

Wir gehen das Risiko ein, unseren Lebensweg selbst zu gestalten

Manchmal scheint es am einfachsten zu sein, sich bei allen Entscheidungen und Zielsetzungen auf den Partner zu verlassen. Dann müssen wir nicht das Risiko eingehen, unseren Lebensweg selbst zu gestalten. Einige glauben, sie könnten dieses Risiko umgehen, indem sie mit ihrem Partner gewissermaßen einen Handel abschließen. Denn sie widmen sich ihm so sehr, daß sie sich mit ihrer eigenen Persönlichkeit nie auseinandersetzen müssen. Einige Beziehungen beruhen auf der stillschweigenden Vereinbarung, daß der eine Partner ausschließlich fürs Denken zuständig ist und der andere alle Gefühle empfindet. Das hat zur Folge, daß beide geistig abstumpfen, weil keiner die Herausforderung annimmt, das Leben mit eigenen Augen zu betrachten. Erst wenn jeder von uns weiß, wie er sich in den anderen hineinversetzen kann und trotzdem eine ganz persönliche Sicht auf das eigene Leben entwickelt, finden wir zu großer innerer Stärke und geistiger Freiheit.

Erinnern Sie sich an eine Zeit, da Ihre Beziehung zum Partner deshalb enger war, weil Sie es wagten, anders zu sein.

Wir müssen uns immer wieder an unserer inneren Vision *orientieren*

Unsere Kindheitserfahrungen innerhalb der Familie sind vielleicht in weite Ferne gerückt. Unter Umständen wollen wir uns auch ganz bewußt von jenen familiären Verhaltensmustern distanzieren, mit denen wir aufgewachsen sind. Aber ebenso gewiß, wie wir unsere kühnsten Hoffnungen in die Partnerschaft mit einbringen, werden wir auch Enttäuschungen erleben und unglücklich sein. Außerdem werden wir einsehen müssen, daß wir ab und zu *unseren* Teil zur Beziehung nicht beitragen. Vielleicht sagen wir uns manchmal auch: „Wenn mein Partner anders wäre, könnte ich bestimmt glücklicher sein" – und machen damit den anderen für das eigene Unbehagen verantwortlich. Die Herausforderung besteht für uns jedoch gerade darin zu sagen: „Diese Unzufriedenheit und Traurigkeit ist *in mir.* Selbst wenn ich tausend Kilometer weit weg wohnte, würde ich mich hin und wieder innerlich unglücklich fühlen."

Damit soll nicht gesagt sein, daß es keine wahren Beziehungsprobleme gäbe, die einem tatsächlich Kummer bereiten. Aber wir haben die Aufgabe, uns immer wieder an unserer inneren *Vision* zu orientieren und zu erkennen, was wir als Individuen alleine meistern müssen und welche Arbeit innerhalb der Beziehung zu leisten ist.

Beschreiben Sie jenen Augenblick, da Sie im Innern zum ersten Mal deutlich sahen, wie Ihre Beziehung aussehen könnte.

Wir werden allmählich zu erwachsenen Menschen, die von Weisheit und Spiritualität erfüllt sind ...

Von unserer schlechtesten Seite zeigen wir uns dann, wenn wir zwar sehr genau darauf achten, daß der Partner unsere Wünsche erfüllt, aber nicht sehen, was wir selbst in die Beziehung mit einbringen müssen. Wenn man es darauf anlegt, gibt es zweifellos immer etwas am anderen auszusetzen. In allen längeren Beziehungen stoßen wir auf die Schwächen und unschönen Eigenschaften selbst feinsinnigster Menschen. Entdecken wir sie an unserem Partner, so ist das nicht weiter schlimm, wenn wir im Grunde danach streben, eine intakte und harmonische Partnerschaft aufzubauen.

Jeder von uns beschreitet seinen eigenen Lebensweg. Niemand kann uns diese Schritte abnehmen. Nur wir selbst können unser einzigartiges Leben auch wirklich ausleben. Das ist die unabänderliche Wahrheit, mit der erwachsene Menschen – im Gegensatz zu Kindern – konfrontiert sind. Der intime Umgang mit Erwachsenen bereitet uns um so mehr Freude und Vergnügen, je mehr wir erkannt haben, daß jeder auch ein Einzelwesen ist. Wir werden uns immer in die Kindheit zurücksehnen oder vergeblich davon träumen, ohne innere Anspannung und äußeren Druck von der großzügigen Fürsorge liebevoller Eltern umgeben zu sein. Aber als Erwachsene leben wir in einer unsicheren, stets gefährdeten Welt, und kein Partner kann uns diese fehlende Sicherheit je gewähren. Erst wenn wir die Mängel und Fehler ringsum quasi als feste Größen in unsere Überlegungen mit einbeziehen und tief im Innern zu geistigem Frieden finden, werden wir allmählich zu erwachsenen Menschen, die von Weisheit und Spiritualität erfüllt sind.

Beschreiben Sie einen Traum von Frieden und Sicherheit, den Sie im Gedächtnis behalten haben oder der Ihre Phantasie beflügelt.

Wir alle leben mit inneren Widersprüchen

Es ist ganz natürlich, daß wir eine unsichtbare Grenze ziehen zwischen dem, was wir im Beisein von Bekannten sagen und tun, und dem, was wir mit dem Lebenspartner oder mit den Familienmitgliedern besprechen und unternehmen. Unsere Freundlichkeit und Offenheit sind auf beiden Seiten dieser Trennlinie verschieden, und normalerweise fühlen wir uns in vertrauter Umgebung wohler und entspannter als in der Öffentlichkeit. Durch diese Linie, die fast unmerklich das gesellschaftliche Leben vom privaten absondert, können wir genauer definieren, wer *wir* sind und welche Qualität *unsere* Beziehungen jeweils haben.

Wir können unsere geistige Spannkraft näher kennenlernen, wenn wir uns zum Beispiel fragen, inwieweit sich unsere Handlungen und Einstellungen im privaten Bereich mit jenen in der Öffentlichkeit vertragen. Naturgemäß sind sie verschieden, aber passen sie zueinander? Sind unser Auftreten und unsere Einstellungen im Privatleben so, wie wir es öffentlich kundtun? Einige Leute geben sich in Gesellschaft optimistisch und großzügig, aber zu Hause sind sie verbittert, ärgerlich und despotisch. Andere vertreten nach außen hin eine strenge Moral, aber in der Ehe oder in der Familie nehmen sie es damit nicht so genau. Wir alle leben mit inneren Widersprüchen. Wenn wir sie auf ehrliche Weise wahrnehmen, wird uns die eigene geistige Unvollkommenheit bewußt; und wir entwickeln uns weiter, indem wir uns mit ihnen auseinandersetzen.

In welcher Hinsicht sind Ihre öffentlichen und privaten Tätig-
keiten miteinander in Einklang – und in welcher nicht?

Niemand könnte all unsere Bedürfnisse befriedigen ...

Manchmal trösten wir uns in Gedanken damit, daß unser ganzes Unglück durch den Partner verursacht wird. Wenn unsere Bedürfnisse nicht befriedigt werden, wenn wir tief innen eine große Leere empfinden, Wünsche haben, die unerfüllt bleiben, oder wenn wir wütend sind, dann machen wir ihn dafür verantwortlich. Wir sagen ihm oder ihr: „Wenn du nur anders wärst, könnte ich endlich glücklich werden!" Es fällt uns schwer zuzugeben, daß *wir selbst* vielleicht unser größtes Problem darstellen. Es gibt Zeiten, da *niemand* all unsere Bedürfnisse befriedigen könnte – egal, worum es sich dabei handelt. Möglicherweise fühlen wir uns immer unzufriedener, weil wir vom anderen zu sehr abhängig sind. Es ginge uns besser, wenn wir nicht mehr im Irrglauben befangen wären, *er* sei an allem schuld.

Die Wahrheit erkennen zu müssen ist zunächst vielleicht nicht sehr angenehm – aber dann gibt uns gerade diese Einsicht neue Kraft. Wenn wir damit aufhören, die Küche nach Schlüsseln abzusuchen, die wir in der Diele verlegt haben, ist die Chance, sie wiederzufinden, ganz einfach höher. Und wenn wir die Ursache unserer eigenen Frustrationen nicht mehr außerhalb unserer selbst suchen, dann finden wir, was uns fehlt, viel leichter.

Teilen Sie Ihrem Partner einen Ihrer sehnlichsten Wünsche mit. Und fügen Sie dann mit eigenen Worten hinzu, daß Ihnen eines sehr wohl bewußt ist: daß Sie selbst für die damit verbundenen Gefühle verantwortlich sind.

Wenn wir mit ansehen müssen, wie der geliebte Mensch Dinge tut, die schädlich für ihn sind, leiden wir auch. Wenn er selbstzerstörerische Verhaltensweisen an den Tag legt, vielleicht von Drogen nicht loskommt, und wenn uns sein Schmerz sowie all die Schwierigkeiten, die er sich selbst und anderen bereitet, nur allzu deutlich bewußt sind, dann würden wir gerne alle Hebel in Bewegung setzen, um ihm zu helfen. Aber es würde nichts nützen.

Manchmal ist Hilfe keine Hilfe, sondern ein Hindernis. Wer den anderen wirklich liebt und respektvoll behandelt, steht ihm zwar zärtlich zur Seite, läßt aber dennoch zu, daß er mit einem bestimmten Problem auch alleine fertig wird. Wenn man dem Partner einfach nur aufmerksam zuhört, ihn anruft oder ihm einen kleinen Zettel mit einer Botschaft zusteckt, wird er sich dadurch stärker und sicherer fühlen. Wir können nicht alles für ihn regeln – aber ein ruhiger und liebevoller Umgang miteinander ist überaus hilfreich.

Erinnern Sie sich an eine Situation, in der Sie Ihr eigenes Wohlergehen für jemand anderen opfern wollten, der sich selbst völlig vernachlässigte.

... Freiraum schaffen für die eigenen Überzeugungen

Wir sind zwei Menschen, die ihr Leben miteinander teilen, um eine Paarbeziehung aufzubauen. Diese ist um so stabiler, je mehr wir unsere Individualität, unsere einzigartigen Gaben in sie mit einbringen. Manchmal sind wir versucht, die eigenen Gedanken und Wünsche hintanzustellen, um uns nur noch den Gedanken und Wünschen des Partners zu widmen. Aber wenn wir keinen Freiraum schaffen für die eigenen Überzeugungen, Sehnsüchte und Bedürfnisse, können wir auch nicht unseren Beitrag zur Partnerschaft leisten. Natürlich müssen wir immer in der Lage sein, Kompromisse zu schließen, und danach streben, dem anderen Freude zu bereiten. Aber wenn wir es versäumen, unseren Standpunkt nach außen hin zu vertreten und eine ganz persönliche Ausdrucksweise zu entwickeln, gibt es keine Kompromisse, keine Verbindung unterschiedlicher Stärken, keine gemeinsame Arbeit, um dann die jeweils besten Entscheidungen zu treffen – eben weil für das Rezept, das unserer Zweisamkeit zugrunde liegt, nur die Hälfte der Zutaten vorhanden ist.

Sagen Sie Ihrem Partner, in welcher Weise Sie sich ganz sicher von ihm unterscheiden.

Lassen Sie Ihren Partner einfach wissen, daß Sie da sind

Nur schweren Herzens lassen wir zu, daß der geliebte Mensch mit gewissen Herausforderungen alleine fertig werden muß. Wir möchten gerne alle Unbilden des Lebens von ihm fernhalten. Manchmal glauben wir, gegen widrige Umstände einfach besser gerüstet zu sein als er, die Gefahren schneller zu erkennen, die Probe leichter zu bestehen oder selbst die negativen Auswirkungen auf die eigene Selbstachtung unbeschwerter zu verkraften. Aber in einer auf gegenseitigem Respekt beruhenden Beziehung ist für solche Schutzmaßnahmen kein Platz.

Eine unserer schwierigsten Aufgaben besteht darin, daß wir dem Partner die Probleme, die er oder sie allein lösen muß, nicht abnehmen. In solchen Phasen erkennen wir, daß es nicht in unserer Macht steht, *alles* in die Hand zu nehmen und in Ordnung zu bringen. Es bedarf einer großen inneren Sicherheit, um quasi in die Rolle eines liebenden Gefährten zu schlüpfen und den Partner einfach wissen zu lassen, daß man da ist und nach ihm schaut. Das ist schon eine enorme Hilfe. Auf diese Weise behindern wir ihn nicht in seiner persönlichen Entwicklung, die er nämlich selbst durchlaufen muß.

Vergegenwärtigen Sie sich eine Situation, in der Sie *die Kämpfe Ihres Partners ausfechten wollten, anstatt ihm dabei einfach nur beizustehen.*

Wir sollten unsere Kraft dort investieren, wo wir unser Ziel auch erreichen können

Die Vorstellung, „alles neu zu arrangieren", ist äußerst verlockend. Eines Tages denken wir verträumt: „Wenn ich doch nur eine andere Arbeit (oder eine andere Wohnung) hätte, wäre ich rundum glücklich." Vielleicht wünschen wir uns sogar einen anderen Partner. Doch wenn wir so viel wertvolle Energie damit verschwenden, einen äußeren Sachverhalt oder einen anderen Menschen ändern zu wollen, sitzen wir am Ende meistens alleine da und fühlen uns erschöpft oder gar unglücklich. Es bedarf großer, unermüdlicher Anstrengung, um das zu erreichen, was wir eigentlich suchen: Liebe, eine bejahende Einstellung gegenüber uns selbst, Ehrlichkeit und geistigen Frieden.

Oberflächlich betrachtet mag es ganz vielversprechend erscheinen, den Partner „umzukrempeln" oder den eigenen Wunschträumen anzupassen – aber warum investieren wir unsere Kraft nicht dort, wo wir unser Ziel sicher erreichen können? Wen können wir wirklich ändern? Nur uns selbst. Wenn wir dem anderen gegenüber weniger kritisch sind, entwickeln wir eine ehrlichere Einstellung und auch ein stärkeres Selbstwertgefühl. Wollen wir also unser eigenes inneres Wachstum dadurch behindern, daß wir nur noch auf die Handlungsweisen eines anderen Menschen achten?

Berichten Sie, wann die Vorstellung, „alles ein für allemal in Ordnung zu bringen", früher einmal von Ihnen Besitz ergriffen und Sie vom Eigentlichen abgelenkt hat.

Wir finden wieder zu der Kunst wahrer Intimität zurück ...

Zuweilen fühlen wir uns von den täglichen Erfordernissen derart unter Druck gesetzt, daß wir kaum noch die Kraft haben, einander bewußt wahrzunehmen und zu erfreuen. Solche Phasen erleben wir gerade dann, wenn die Arbeit äußerst anstrengend ist, wenn die Kinder mit ihren Bedürfnissen und Wünschen alle Aufmerksamkeit beanspruchen oder wenn ein längerer Besuch bei den Schwiegereltern ansteht. Die Kunst wahrer Intimität zwingt uns manchmal dazu, gewisse Durststrecken zu überwinden, ohne uns allzusehr aus den Augen zu verlieren, und dann wieder zu unserer engen Beziehung zurückzufinden.

Es besteht allerdings die Gefahr, daß wir uns irgendwie so daran gewöhnen, mit stressigen Situationen und hohen Anforderungen zurechtzukommen, daß wir die emotionale Nahrung, die uns durch Berührung, Augenkontakt und persönliches Gespräch mit dem Partner zuteil wird, gar nicht mehr aufnehmen können. Eines Morgens wachen wir dann vielleicht auf und stellen fest, daß wir uns eher wie Zimmergenossen oder wie Bruder und Schwester fühlen denn als Liebespaar. Als wäre ein Bann über uns verhängt worden, spüren wir den unnötigen Abstand zwischen uns – der eine fühlt sich vom anderen „links liegengelassen" oder gar völlig vernachlässigt. Die ersten Worte, die solche Empfindungen zum Ausdruck bringen und den Bann brechen, rufen vielleicht nur wütende Reaktionen und heftige Streitereien hervor. Aber alles, was man aus einem starken Gefühl heraus sagt, wird schließlich wieder zu einem intimeren Umgang mit dem anderen führen.

Sagen Sie Ihrem Partner ganz offen, wie Sie Ihre Zweierbeziehung im Moment empfinden.

61

Unterschiede

Wir lieben uns nicht nur, weil wir uns ähnlich sind

Gegensätze und Kontraste sind universeller Natur: ohne Schmerz keine Freude, ohne Streß keine Entspannung, ohne Regen kein Sonnenschein, ohne Tod keine Geburt. Wenn wir versuchen, diese natürlichen Gegensätze einzuebnen, vergeuden wir nur unsere Kraft und vergrößern unsere Probleme. Während unsere ähnlichen Charakterzüge ein leichtes Verständnis ermöglichen und die Verbindung noch verstärken, bieten gerade unsere Gegensätze und Unterschiede immer wieder die Möglichkeit, dem anderen etwas zu geben und voneinander zu lernen.

Wenn wir rechtshändig sind, wird unsere linke Hand dadurch nicht überflüssig. Naturgemäß strecken wir zwar zuerst jene Hand aus, die wir meistens benutzen, aber die andere ist trotzdem lebenswichtig. Wenn ein Mann sagt: „Frauen machen immer nur Ärger", so setzt er damit nicht nur die Hälfte der Menschheit herab, sondern auch sich selbst, denn sein Inneres hat auch eine wertvolle weibliche Seite. Und wenn eine Frau sagt: „Alle Männer sind blöd", dann lehnt sie schlichtweg die männliche Seite ihres Wesens ab. Die Unterschiede zwischen uns stellen Herausforderungen dar, auch wenn wir manchmal versucht sind, sie zu manipulieren oder zu unterdrücken. Wir lieben uns nicht nur, weil wir uns ähnlich sind, sondern weil wir verschieden sind. Unsere Unterschiede passen zusammen wie Sterne am Nachthimmel; ohne Dunkelheit wären die Sterne nicht zu sehen.

Nennen Sie eine Eigenschaft Ihres Partners, die Sie nicht besitzen und dennoch – oder gerade deshalb – bewundern.

Wir entwickeln eine Art Respekt für die Unterschiede zwischen uns ...

Die Gewohnheiten, Eigenheiten und Marotten unseres Partners gehen uns manchmal auf die Nerven. Auf einige dieser „Charakteristika" können wir uns ohne weiteres einstellen, andere können wir ändern – aber manche scheinen völlig „eingefleischt" zu sein. Wir haben das Gefühl, entscheiden zu müssen, ob wir den Partner so nehmen, wie er ist, oder ob wir weiter beharrlich versuchen wollen, ihn „umzukrempeln". Trotzdem werden alle Predigten und gutgemeinten Ratschläge keine Änderung herbeiführen, und vielleicht haben wir darüber hinaus auch keine Lust, dem anderen irgendwie entgegenzukommen. Deshalb sollten wir dann versuchen, die Lebensweise des Partners genauso zu respektieren wie unsere eigene. Wir können auf unsere Bedürfnisse bedacht sein, ohne abfällig über ihn zu urteilen.

Es ist wichtig, ein Gefühl von Respekt für die Unterschiede zu entwickeln, die zwischen uns bestehen. Die Eigenart des Partners zu respektieren heißt nicht unbedingt, alles zu akzeptieren. Kompromisse sind hier und dort von großer Bedeutung – aber trotzdem können wir die individuellen Bedürfnisse des anderen achten.

Wählen Sie eine Angewohnheit aus, die Sie bei Ihrem Partner stört, und stellen Sie sich dann vor, daß Sie die Unterschiede zwischen Ihnen beiden ganz einfach respektieren.

Jeder Konflikt hat viele Aspekte

Das Zusammenleben einiger Ehepaare gleicht einer Art kaltem Krieg. Sobald Konflikte auftauchen, zieht sich jeder in seinen Schmollwinkel zurück und fühlt sich, von der eigenen Unfehlbarkeit überzeugt, als Opfer. Wenn wir in diese Rolle zurückfallen, geben wir nicht nur uns selbst auf, sondern ignorieren auch jede Verpflichtung gegenüber dem anderen. Wir zerstören allmählich jene Beziehung, die wir ursprünglich einmal voller Liebe und Hoffnung eingegangen sind.

Wenn sich strittige Probleme ergeben – was ganz zwangsläufig der Fall sein wird –, dann hängt deren Lösung davon ab, ob wir es wagen, zum Partner ganz ruhig hinzugehen, ihm wirklich einmal zuhören und offen aussprechen, was uns bedrückt. Wir müssen unseren Stolz genauso loslassen wie den Wunsch, immer recht zu behalten. Jeder von uns beiden fühlt sich im Recht. Aber die Unterschiede zwischen uns haben nicht unbedingt etwas damit zu tun, wer richtig oder falsch liegt, wer gut oder schlecht ist. Jeder Konflikt hat viele Aspekte, und oft sehnen wir uns am meisten danach, daß man uns zuhört und versteht. Wenn wir dem anderen Gehör schenken und ihn zu begreifen versuchen, läßt auch das Bedürfnis nach „den Sieg davonzutragen" – und gerade aus unseren Unterschieden erwächst dann unsere gemeinsame Stärke.

Sprechen Sie mit Ihrem Partner über eine strittige Frage oder eine Meinungsverschiedenheit, über die Sie bisher geschwiegen haben.

Wir beschreiten den Weg, der zu einer tiefen Beziehung führt

Jeder von uns verfügt über besondere Gaben, um sie in die Beziehung mit einzubringen. Denn es gibt Fähigkeiten, die uns selbst zugute kommen, und solche, die wir mit dem Partner teilen. Der eine organisiert vielleicht gerne und entwirft Pläne für die Zukunft, während der andere auf die kleinen Dinge achtet, die hier und jetzt geschehen. Der eine mag ein Träumer sein, der neue Ideen entwickelt, während der andere die praktische Seite des Lebens im Auge hat. Jeder von uns setzt sich mit der Welt, in der er lebt, auf ganz unverwechselbare Weise auseinander. Wenn wir unsere besonderen Gaben zu schätzen wissen, eröffnen wir uns genauso wunderbare wie ungeahnte Möglichkeiten.

Wahrscheinlich haben wir bereits gelernt, einige nicht so angenehme Einsichten über uns selbst und den Partner zu akzeptieren. Wir stellen fest, daß wir in unseren Diskussionen oder aufgrund unserer Erfahrungen nicht immer zum gleichen Schluß kommen. Doch wenn wir den gegensätzlichen Standpunkt des Partners anerkennen und unseren eigenen durchaus ernst nehmen, dann beschreiten wir den Weg, der zu einer tiefen Beziehung führt.

Nennen Sie einen Unterschied, der zwischen Ihnen und Ihrem Partner besteht, und beschreiben Sie, wie Ihre Beziehung gerade dadurch noch intensiver wird.

... ohne dem anderen insgeheim weh tun zu wollen

Wenn sich beide Partner mit Achtung und Würde begegnen, so besitzen sie damit ein gemeinsames Fundament, das ihnen für alle weiteren Aktivitäten Kraft gibt. Jedes Gefühl kann auf respektvolle oder respektlose Weise ausgedrückt werden. Es ist zum Beispiel äußerst schwierig, wütend zu sein, ohne den anderen zu verletzen. Zwar ist jeder dann und wann ärgerlich oder frustriert; aber es kommt darauf an zu lernen, wie man die eigene Wut herausläßt und dennoch dem anderen Achtung entgegenbringt – wie man mit der eigenen Ungeduld fertig wird, ohne jemanden zu beleidigen oder zu beschuldigen. Viele von uns müssen lernen, den anderen zu lieben, ohne von ihm Besitz zu ergreifen, und auf unbeschwerte Weise ausgelassen zu sein, ohne ihm insgeheim weh tun zu wollen. Wenn wir mit dem Partner despektierlich umgehen, vergiften wir unseren eigenen Brunnen. So mögen wir zunächst zwar Genugtuung empfinden, aber die längerfristigen Auswirkungen sind äußerst unangenehm.

Wenn in unserer Beziehung der gegenseitige Respekt einen hohen Stellenwert besitzt, werden wir auch weiterhin, auf einer noch tieferen Ebene, lernen, worin er eigentlich besteht und was er wirklich bedeutet. Dann stellen wir auch fest, daß wir, wenn wir einander zuhören und alle Unterschiede zulassen, dem anderen eine Achtung erweisen, die uns beiden zugute kommt.

Nennen Sie einen Unterschied zwischen Ihnen und Ihrem Partner, den Sie grundsätzlich respektieren.

Wir sollten die Unterschiede zwischen uns mit Interesse betrachten

Eine Suppe, die nur mit Salz gewürzt wird, schmeckt langweilig. Die schmackhafteste Mischung enthält viele Zutaten: Kräuter, Gemüse, Reis und vielleicht ein Stück Fleisch. Wenn wir darauf bestehen, daß unser Partner genauso ist wie wir, die gleichen Gedanken hat, in derselben Weise seine Entscheidungen trifft oder immer die gleichen Schlußfolgerungen zieht, dann sind wir nicht zwei Menschen, die ein Paar bilden, sondern ein Ableger des anderen. Niemand kann dies wirklich wollen. Wir brauchen ein wenig Pfeffer im Topf, damit die ganze Sache kraftvoll und würzig bleibt. Unterschiedliche Meinungen stellen eine Herausforderung dar; sie geben uns die Möglichkeit, ganz andere Standpunkte und Vorgehensweisen kennenzulernen und zu überdenken.

Stellen Sie sich einige der unverwechselbaren Eigenschaften vor, die Ihnen am Partner gefallen, und auch solche, die Sie zur Verzweiflung bringen. Vergessen Sie dabei nicht: Manche von diesen letzteren erschienen Ihnen früher vielleicht ganz anziehend. Wenn wir die Unterschiede zwischen uns mit Interesse und Verständnis betrachten, anstatt sie immer nur verändern oder abschaffen zu wollen, wird uns bewußt, daß wir gemeinsam eine einzigartige und wohlschmeckende Suppe kreieren können.

Nennen Sie eine persönliche Eigenart Ihres Partners, die Sie bisher zu ändern versuchten, und gewinnen Sie ihr etwas Positives ab.

Unsere Aufgabe besteht auch darin, den Gefährten auf liebevolle Weise herauszufordern

Selbst in der besten Beziehung geht es nicht immer ruhig und gemütlich zu. Vielleicht sehnen wir uns nach einer friedlichen Atmosphäre, nach einer Partnerschaft, die stets angenehm und unbeschwert ist. Aber die gesündesten und kreativsten Beziehungen unterstützen vor allem das innere Wachstum in jedem der beiden Partner. Intensive Beziehungen entwickeln sich gerade dadurch, daß jeder seine Stärken zeigt und sich dem anderen gegenüber behauptet. Wir nehmen Anteil am Gefährten, glauben an seine Fähigkeiten und kennen seine Schwächen. Wenn der eine sagt: „Ich werde mich nicht um eine Beförderung bemühen, weil ich sie sowieso nicht kriegen würde", sagt der andere: „Oh, du schaffst es! Die Anstrengung lohnt sich ganz bestimmt!"

Unsere Aufgabe besteht unter anderem darin, den Gefährten auf liebevolle Weise herauszufordern. Manchmal hat das zur Folge, daß wir sozusagen in die Hand beißen, die uns füttert. Das kann auch bedeuten, daß wir etwas Bestimmtes sagen, eben weil es der Wahrheit entspricht – selbst wenn uns bewußt ist, daß der Partner zunächst wütend darüber sein wird. Doch es zeugt von Liebe, wenn wir – offen unsere Meinung mitteilend – seine verärgerte Reaktion in Kauf nehmen. Durch solche Herausforderungen regt sich in ihm der Glaube, daß er mehr zu leisten vermag und höhere Ziele erreichen kann.

Vergegenwärtigen Sie sich eine jener Herausforderungen, die kürzlich die ruhigen Wasser Ihrer Beziehung in Bewegung brachte und äußerst positive Auswirkungen hatte.

Normalerweise ist es gar nicht erforderlich, daß wir einer Meinung sind

Viele von uns lebten bisher im Glauben, immer recht behalten zu müssen. Wir nahmen einfach nicht mehr zur Kenntnis, daß einige Menschen, an denen uns etwas lag, sich immer mehr entfernten: die Freunde, die unserer ständig rechthaberischen Art überdrüssig waren; die Kinder, deren Selbstachtung untergraben wurde, weil sie ihre Ideen nicht frei entfalten konnten; oder ein früherer Kollege, der auf Abstand ging, weil wir nur dann friedlich und locker waren, wenn er uns recht gab. Aber im Hinblick auf unsere Unterschiede gibt es viel mehr zu bedenken und zu klären als die Frage, wer recht oder unrecht hat.

Eine intime Beziehung besteht darin, daß wir unsere abweichenden Vorstellungen und Ansichten einander mitteilen und zu verstehen suchen. Normalerweise ist es gar nicht erforderlich, daß wir einer Meinung sind. Denn die Partnerschaft gibt uns die Möglichkeit, die Welt mit den Augen des anderen genauer kennenzulernen. Wenn wir diese Unterschiede zunichte machen, berauben wir uns der Möglichkeit, etwas Neues in Erfahrung zu bringen. Wir brauchen nur freudig auszurufen: „Oh, so kann man es natürlich auch sehen!" Unsere Aufgabe ist es zu begreifen, wie der Partner die Welt betrachtet. Und weil wir somit über einen weiteren Standpunkt verfügen, kommen wir auf unserem eigenen Weg weiter voran.

Beschreiben Sie, in welcher Weise eine Meinungsverschiedenheit das Verständnis zwischen Ihnen und Ihrem Partner gefördert hat.

Veränderungen

Leben ist das, was uns unterwegs passiert

Am Anfang, als wir diese Beziehung eingingen, waren wir voller Träume und Pläne für die Zukunft. Aber alle Träume und fast alle Pläne ändern sich. Uns widerfahren bestimmte Dinge – vielleicht eine ungewollte Schwangerschaft, Verlust des Arbeitsplatzes, Streitereien mit den Kollegen, der Tod eines Freundes oder Familienmitglieds. Plötzlich zwingt uns das unvorhergesehene Ereignis dazu, mit der veränderten Lage vertraut zu werden.

Stellen Sie sich vor, Sie sitzen in einem Flugzeug, das übers Rollfeld fährt. Kurz vor dem Start meldet sich der Kapitän über Bordlautsprecher und gibt bekannt, daß es technische Probleme gibt und der Flug leider ausfallen muß. Wir müssen uns für ein anderes Verkehrsmittel entscheiden. Vielleicht steigen wir aufs Auto um. Die Szenerie wechselt, die Straße ist an manchen Stellen sehr holprig, unter Umständen müssen wir eine oder zwei Umleitungen fahren. Kurzum, die ganze Reise dauert länger als geplant, aber schließlich gelangen wir doch noch an unseren Bestimmungsort. Auch im Leben geht es nicht nur darum, bestimmte Ziele zu erreichen und den eigenen Erwartungen gerecht zu werden. Denn das Leben ist größtenteils das, was uns *auf dem Weg zum Ziel* passiert. Und so stellen wir uns immer wieder auf neue Gegebenheiten ein, werden klüger, indem wir unsere Aufgaben erledigen, lernen, die Reise selbst zu genießen, nehmen die Umgebung wahr und registrieren die kleineren und größeren Zwischenfälle, die sich ringsum ereignen.

Sprechen Sie mit Ihrem Partner über eine kürzlich erlebte Enttäuschung. Haben Sie inzwischen die positive Kehrseite dieser Enttäuschung wahrgenommen?

Wer hat das Recht, den anderen zu belehren?

Pädagogen sprechen immer wieder davon, wieviel sie über ein bestimmtes Thema lernen, wenn sie es anderen nahebringen. In unserer intimen Beziehung geben wir dem Partner manchmal eine kleine Lektion und stellen plötzlich fest, daß wir selbst uns gar nicht an das halten, was wir da verkünden. Naturgemäß kommt es dann zu Reibungen und Spannungen. Deshalb reagiert der andere oft heftig auf uns und sagt vielleicht: „Für wen hältst du dich eigentlich, wenn du so redest? Kehr lieber erst mal vor deiner eigenen Tür!"

Die Frage, wer von beiden etwas lernen muß und wer das Recht hat, den anderen über etwas zu belehren, ist zwischen Ehepartnern gar nicht zu vermeiden. Durch diese Art des Umgangs können wir die Grenzen zwischen uns genauer festlegen. In einer Beziehung, die auf Gleichberechtigung beruht, ist jede vom Partner erwünschte Lektion ein liebevolles Geschenk; lehnt er jedoch ab, ist sie nichts als eine unbillige Einmischung.

Sagen Sie Ihrem Partner, was Sie sehr gerne von ihm lernen möchten.

Das Gefühl innerer Gelassenheit und tiefer Befriedigung stellt sich noch nicht ein, wenn wir nur vorübergehend ein gewisses Maß an fragwürdiger Kontrolle erreicht haben, sondern erst, wenn wir lernen, das Unerwartete einzukalkulieren, und darüber hinaus die Kunst einüben, auf Veränderungen zu reagieren und uns auf die immer wechselnden Lebensumstände einzustellen. Es war nicht unsere Entscheidung, geboren zu werden und diese Reise durchs Leben anzutreten. Wir haben auch keinen Einfluß darauf, daß sie im Tod endet. Im Grunde jedoch sehnen wir uns danach, alles mögliche zu kontrollieren; und wenn wir uns dementsprechend verhalten, scheint auch alles besser zu laufen. Aber das Abenteuer des Lebens ist dann am aufregendsten und erfüllendsten, wenn wir die Dinge so nehmen, wie sie kommen, und lernen, produktiv mit ihnen umzugehen. Egal, wie oft wir einen Schuldigen suchen, den anderen kritisieren, die eigene Seele zu ergründen suchen oder mißmutig sind: Die Gründe, warum alles im Wandel begriffen ist, werden stets im dunkeln bleiben. Unsere Partnerschaft kann durch ätzende Schuldzuweisungen zerstört werden, aber sie gewinnt an Kraft, wenn wir uns zusammenschließen, um *gemeinsam* mit den Ereignissen, die unser Leben formen, fertig zu werden.

Erzählen Sie Ihrem Partner von einem Zwischenfall in Ihrer Beziehung, der Ihnen überhaupt nicht behagte und der Sie beide dann doch ein Stück weiterbrachte.

Wir müssen immer wieder aufs genaueste
unsere Position bestimmen

Niemand hißt die Segel und verläßt den Hafen, ohne die Wind-
verhältnisse zu berücksichtigen. Zunächst einmal steht man im
Wind, spürt, wie er über das Gesicht streicht, und achtet darauf, woher er kommt und wie stark er ist. Dann erst werden die
Segel klargemacht, damit das Schiff seinen Zielort ansteuern
kann. Und auch während der Fahrt überprüft man immer wieder Windrichtung und Windstärke, weil diese andauernd wechseln.

Wir haben vielleicht den Wunsch, unsere vollbrachten Lei-
stungen als endgültige Ergebnisse zu betrachten und die Zeit
anzuhalten – oder wir erwarten, daß der geliebte Mensch immer so bleibt, wie er jetzt ist. Aber just in dem Augenblick, da
wir glauben, „alles beisammen zu haben", ändert sich etwas.
Die Kinder werden größer, die Arbeitssituation ist plötzlich
eine andere, und nebenan ziehen neue Nachbarn ein. Wie ein
Seemann müssen wir immer wieder aufs genaueste unsere Position bestimmen. Ob uns eine Veränderung willkommen ist
oder nicht – wir müssen auf sie reagieren. Dabei entscheiden
wir nicht so sehr, *was* sich ändern wird, sondern vor allem, *wie*
wir auf die veränderten Umstände reagieren. Wenn wir zu sehr
an einseitigen und eigensinnigen Gedanken festhalten, sind
wir nicht im Einklang mit dem äußeren Geschehen. Aber wenn
wir den Wandel bejahen, entwickeln wir uns weiter. Wir werden zu einem Menschen, der einen größeren Reichtum im
Innern besitzt, als wir es uns hätten vorstellen können.

Nennen Sie jene Veränderung in Ihrem Leben, die Ihnen heute
am meisten bewußt ist.

Um uns geistig weiterzuentwickeln, müssen wir loslassen

Wenn wir uns aufgrund von Kindheitserlebnissen nicht geborgen fühlten, wenn wir uns unzulänglich vorkamen oder meinten, ständig auf der Hut sein zu müssen vor weiteren Krisen, dann haben wir auch gelernt, solche Gemütsregungen zu bewältigen und das innere Wohlbefinden wenigstens vorläufig zu verbessern. Aber einige der dabei angewandten Methoden behindern jetzt möglicherweise unser geistiges Wachstum und beeinträchtigen unsere Fähigkeit, dem Partner wirklich nah zu sein. Wir dürfen uns an diesen alten Verhaltensmustern nicht mehr festklammern. Wenn wir immer nur darauf bedacht sind, unsere Sicherheit zu gewährleisten, und nie etwas riskieren, dann kann sich eine für beide Seiten fruchtbare Intimität nicht entwickeln. Unser Kindheitstraum vom absolut zuverlässigen Partner, von einem Leben, das keinerlei Unglück kennt, wird niemals in Erfüllung gehen. Wir können zwar weiterhin nach einem sicheren Ort Ausschau halten, aber zugleich ist uns bewußt, daß dessen Vorteile allzu begrenzt sind, um ein befriedigendes Leben führen zu können.

Wenn wir, wider besseres Wissen, an den frühen Ängsten und Vorgehensweisen festhalten, wird uns nur eines noch besser gelingen: Wir werden die eigene Sicherheit noch mehr betonen. Geistiges Wachstum aber verlangt die Fähigkeit des erwachsenen Menschen, innerlich loszulassen und gewisse Risiken einzugehen, um eine intimere Beziehung mit dem Partner herzustellen.

Nennen Sie eine bestimmte Angstvorstellung oder eine schmerzliche Erfahrung aus der Kindheit, die Sie nun hinter sich gelassen haben.

Heute ist ein bedeutsamer Tag. Er gehört zu jener begrenzten Anzahl von Tagen, die uns auf Erden gewährt sind. Wir haben wirklich Wichtiges zu tun: uns selbst weiterzuentwickeln, unsere Beziehungen zu vertiefen und zum Wohlbefinden anderer Menschen beizutragen. Die Entscheidung, die jeweils zu treffen ist, mag nur geringfügig sein – aber sie wirkt sich bereits auf den nächsten Augenblick aus. Jede Handlung hat bestimmte Konsequenzen.

Vielleicht sagen wir: „Ich kann heute nicht so leben, wie ich es eigentlich möchte, weil ständig neue Anforderungen an mich gestellt werden. Ich muß so vieles erledigen! Das einzige, was ich tun kann, ist, mich nach der Decke zu strecken." – Während unseres ganzen Lebens haben wir, was die täglichen Aufgaben betrifft, meistens nur wenig Spielraum. Aber wir können sehr wohl entscheiden, wie wir mit all diesen äußeren Umständen zurechtkommen und was für ein Mensch wir künftig sein wollen. Die Versuchung, den heutigen Tag gleich abzuschreiben, innerlich völlig abzustumpfen oder alles unter Kontrolle zu bekommen, führt nur dazu, daß wir am Ende frustriert und verzweifelt sind. Wir können diesen Tag in der gleichen Weise verbringen wie unser ganzes Leben.

Entscheiden Sie jetzt, mit welcher Einstellung Sie den Erfordernissen des heutigen Tages begegnen wollen.

Ein Problem kann letztlich ein großes Geschenk beinhalten ...

Wir beginnen eine Beziehung voll freudiger Erregung, voll Hoffnung und guter Gefühle, in denen vielleicht auch etwas Angst mitschwingt. Unser Leben muß sich noch weiter entwickeln. Zudem ist diese anfängliche Zeit mehr von romantischen Vorstellungen als von Realitätssinn geprägt. Aber eine dauerhafte Verbindung baut nicht auf einer ununterbrochenen Kette positiver Ereignisse auf, sondern vertieft sich in dem Maße, wie die beiden Partner zu sich selbst finden – wie sie mit schwierigen Phasen fertig werden, gegen Niederlagen ankämpfen und aus all den alltäglichen Nöten etwas lernen, um innerlich weiterzukommen. Auf diese Weise kann auch ein Problem – etwas, das wir nicht gewollt und uns auch nicht ausgesucht haben – letztlich ein großes Geschenk beinhalten.

Zwei Eheleute mußten sich ein Jahr lang vor allem mit ihren Krankheiten herumplagen, bald darauf saßen sie dann finanziell in der Klemme, aber etwas später lief fast alles wie am Schnürchen. Jede Situation erforderte unterschiedliche Reaktionen, die von tief innen kommen mußten – ebenso aber die gleiche geistige Haltung: nämlich von Tag zu Tag zu leben. Rückblickend sind sie dankbar für die reichhaltigen Erfahrungen ihres gemeinsamen Lebens, eben weil sie jene heiklen Situationen überwunden haben, quasi aus ihnen herausgewachsen sind und danach viele freudige und vergnügliche Momente miteinander hatten. Ihre Probleme waren sehr ernst – aber sie trugen dazu bei, eine äußerst intime Beziehung aufzubauen.

Nennen Sie ein Problem, das sich für Sie als Geschenk erwies.

Wir sind auch weiterhin für Überraschungen offen

Inmitten des Veränderungsprozesses, den wir durchlaufen, wird uns plötzlich bewußt, daß wir niemals mehr in den früheren Zustand zurückkehren können. Die Vergangenheit ist vorbei, aber zugleich birgt jeder Schritt nach vorn auch Risiken. Zumindest war uns vorher meistens klar, was wir vom Leben zu erwarten hatten – die Zukunft jedoch ist nicht vorhersehbar. Unser Leben war vielleicht chaotisch – weil wir uns selbst nicht mochten oder weil unser Überleben davon abzuhängen schien, daß wir den Partner bzw. die eigenen Gefühle unter Kontrolle hielten. Möglicherweise haben wir oft gelitten, aber dieser Schmerz war uns nur allzu vertraut – im Gegensatz zu jenem Gefühl von Unsicherheit, das mit allem Neuen und Unbekannten einhergeht.

Dieser Veränderungsprozeß wird uns ein besseres Leben bescheren, wenn wir auch weiterhin für Überraschungen offen sind. Wir wissen nicht, was der Wandel bewirken wird. Wir müssen zunächst mit einigen ungewohnten Gefühlen vorliebnehmen, können sie aber so lange aushalten, bis jener Zustand erreicht ist, in dem wir uns neue und positivere Verhaltensweisen angewöhnen. Wenn wir dem anderen die eigenen Ängste mitteilen, haben sie nicht mehr die Macht, uns zu lähmen, und so ergibt sich für uns die Möglichkeit, auch in Zukunft innere Fortschritte zu machen.

Erzählen Sie Ihrem Partner, welche Ängste existentielle Veränderungen bei Ihnen auslösen und wie Sie damit fertig werden.

Kummer und Krisen

Wir erzählen dem Partner von unseren inneren Kämpfen

An dem Tag, als ihr Vater starb, dachte sie, daß die Welt unterginge und nichts mehr so wäre, wie es vorher war. Der Kummer, den sie im ersten Jahr nach seinem Tod empfand, war schrecklich. Sie war ungehalten, weil er sie verlassen hatte, wütend, weil sie ihn nie richtig gekannt hatte, und machte ihn für all das verantwortlich. Doch als sie mit dem Partner darüber sprach, wie schwer es ihr fiel, den Vater loszulassen, wurde ihre Paarbeziehung enger und intensiver.

Wir alle haben den Verlust eines geliebten Menschen schon miterleben müssen – weil er starb, sich scheiden ließ, aus beruflichen Gründen umziehen mußte oder auf andere Weise von uns ging. Wie gelingt es uns, weiterzumachen, wenn wir Abschied nehmen müssen von einer äußerst wichtigen Bezugsperson? Einige von uns ziehen sich dann in den hintersten Winkel zurück; andere wenden sich an liebe Freunde, die ihnen Trost spenden; und manche flüchten sich in die Sucht, um vollkommen unterzutauchen. Unsere seelische Heilung wird dadurch erleichtert, daß wir uns die guten und auch weniger guten Erinnerungen an diesen Menschen zurückrufen. Niemand ist ein vollkommener Engel oder ein ausgemachtes Scheusal. Indem wir an ihn denken und über ihn sprechen, bekennen wir uns zu all den positiven und negativen Dingen, die er uns mitgab auf den Weg. Im Leben wie im Tode bleibt unsere Verbindung unauslöschlich bestehen.

Nennen Sie ein Geschenk, das Ihnen jener geliebte Mensch auf den Weg mitgab, dessen Abwesenheit Sie tief bekümmert.

Die liebevollen Berührungen eines anderen Menschen ...

Wenn uns ein Unglück widerfährt, versuchen wir verzweifelt herauszufinden, warum es geschah. Etwas trifft uns aus heiterem Himmel und verändert unser Leben grundlegend. Wir glauben, daß es irgendwie möglich sein müßte, eine Erklärung für dieses verhängnisvolle Ereignis zu finden, denn dann könnten wir uns besser dagegen wappnen. Wir fragen uns, ob wir für etwas bestraft werden sollen. Hat ein gleichgültiger Gott uns verlassen? So kommen wir vielleicht zu der Überzeugung, daß überhaupt keine Tragödien geschehen würden, wenn Gott wirklich fürsorglich wäre.

Diese Welt ist nicht immer gerecht. Aber wenn wir zulassen, daß Gott für uns da ist, daß Er hört, wie wir uns gegen Ungerechtigkeiten auflehnen, daß Er unsere Tränen trocknet, dann können wir – eingedenk der Tatsache, daß wir über Beistand verfügen – innerlich wieder gesund werden und unseren Weg fortsetzen. Gott ist uns nah durch die Worte und liebevollen Berührungen eines anderen Menschen. Wenn etwas Schlimmes passiert, wollen wir uns vielleicht in uns selbst verkriechen. Dieses Bedürfnis ist weder gut noch schlecht, aber trotzdem kommt es darauf an, andere Menschen nicht auszusperren. Durch das Beisammensein mit Freunden und Familienmitgliedern und durch das Gebet, das unsere Verbindung mit der Höheren Macht festigt, wird uns bewußt, daß wir in unserem Kummer nicht allein sind.

Erinnern Sie sich an eine schmerzliche Zeit, und erzählen Sie dem Partner, was Ihnen half, sie heil zu überstehen.

Das Problem besteht darin, daß wir damit rechnen, uns immer sicher fühlen zu können

Viele von uns haben schon einige Probleme und Krisen hinter sich, aber die Sorgen und Befürchtungen sind deshalb nicht geringer geworden. Wir glauben, daß unsere gegenwärtige Lebenssituation für all unsere Ängste verantwortlich ist, und kommen zu dem Schluß: „Wenn alles nur ganz anders wäre, dann könnte ich mich endlich mal entspannen." Doch selbst wenn alles gut läuft, denken wir besorgt daran, daß irgend etwas, was sich unserer Aufmerksamkeit entzieht, nicht stimmt. Wenn wir derart in Angst versinken, nicht wirklich loslassen können und am Leben keine Freude mehr haben, mag es durchaus sein, daß wir uns vom Partner emotional entfremden.

Nicht die Tatsache, daß das Leben keine endgültige Sicherheit bietet, bereitet uns Kopfzerbrechen, denn das wäre ja auch unmöglich. Das Problem besteht vielmehr darin, daß wir damit rechnen, uns immer sicher *fühlen* zu können. Wir investieren viel Kraft, um die Dinge unter Kontrolle zu bekommen, so daß alles „genau richtig" ist, aber zwangsläufig haben wir am Ende überhaupt nichts im Griff. Dann denken wir, daß da etwas grundlegend falsch sein muß. Statt dessen sollten wir uns lieber dazu durchringen, die eigenen Ängste Gott anzuvertrauen. Das geschieht dadurch, daß wir über sie sprechen, mögliche Schritte unternehmen, um sie zu beseitigen, und das Resultat dieser Bemühungen vertrauensvoll Ihm überlassen. Im Anschluß daran nehmen wir wieder die emotionale Verbindung zum Partner auf.

Sagen Sie Ihrem Partner, wovor Sie Angst haben, und vertrauen Sie diese Sache Ihrer Höheren Macht an.

Unser alltägliches Leben wird von einer mutigen Einstellung geprägt sein

Mutig sein heißt: Wir verschwenden keine wertvolle Energie, indem wir uns selbst bemitleiden. Statt dessen gehen wir unseren Weg beherzt weiter. Vielleicht haben wir den Wunsch, immer in einer bestimmten Weise zu leben, oder denken zumindest, wir *sollten* es tun. Da dies aber nicht der Fall ist, suchen wir dann den Fehler bei uns, grübeln über unser schweres Los nach oder machen die anderen für unsere Mißgeschicke verantwortlich. Wenn wir die Nachbarn oder irgendwelche Leute sehen, die uns Bewunderung einflößen, sagen wir: „Ihr Leben ist so einfach. Sie machen alles richtig. Warum kann ich nicht auch so sein wie sie?"

Viele tapfere Menschen haben, wenn sie an jene Augenblicke zurückdachten, da sie ihren ganzen Mut unter Beweis stellen mußten, gesagt: „Ich habe nur getan, was ich tun mußte." Im Grunde steht jeder irgendwann vor Problemen und größeren Herausforderungen. Wir bestimmen nicht darüber, wann und unter welchen Umständen sie auftauchen – aber darüber, wie wir ihnen begegnen, wie wir auf schmerzliche Erfahrungen oder unangenehme Zwischenfälle reagieren. Und wenn wir unsere Kraft nicht mehr mit Gedanken wie „Ich armer Mensch" oder „Ich schlechter Mensch" vergeuden, wird auch unser alltägliches Leben von einer mutigen Einstellung geprägt sein. Dann benutzen wir unsere Schwierigkeiten, um neue Wahrheiten zu entdecken sowie unsere besten Eigenschaften und größten Stärken zur Entfaltung zu bringen.

Nennen Sie ein Problem, mit dem Sie heute konfrontiert sind. Ist Ihnen klar, wie Sie es anpacken können, damit Sie sich innerlich weiterentwickeln?

Wir können aus unheilvollen Erfahrungen viel lernen ...

Ein Ehepaar hat ein Kind, das beide um jeden Preis beschützen wollen; dennoch wird es schwer krank und ist dem Tode nah. Eine Frau widmet sich jahrelang ausschließlich ihrer Karriere; plötzlich macht die Wirtschaft eine Talfahrt durch, und sie wird arbeitslos. Die Sucht bringt einen Mann von seinem Weg ab; er verliert alles, was ihm lieb und teuer war. Es gehört zum Leben dazu, daß wir immer wieder mit Schicksalsschlägen und Niederlagen konfrontiert werden. Nie würden wir uns für das Mißgeschick entscheiden, und wir können auch nicht den damit verbundenen Schmerz vermeiden; aber es steht uns frei, diese unheilvollen Erfahrungen quasi als weise Lehrmeister zu betrachten. Gerade aus der Niederlage erwächst uns neue Kraft.

Als Paar müssen wir umsichtig und klug mit Fehlschlägen und Kümmernissen umgehen. Mehr als einmal müssen wir gemeinsam schwierige Zeiten durchstehen. Im Leid werden wir immer wieder durch den falschen Trost, der aus Selbstmitleid oder Schuldzuweisungen resultiert, in Versuchung geführt. Aber er nimmt uns viel mehr Kraft, als er zu schenken vermag. Durch die Krise erkennen wir deutlich, worauf es in unserem Leben wirklich ankommt, und sind besser darauf vorbereitet, die Freuden zu genießen, sobald sie uns zuteil werden.

Vergegenwärtigen Sie sich eine dieser Niederlagen, die Sie gemeinsam verkraftet haben.

Wir sind niemals allein

Eines wissen wir ganz sicher: Notzeiten macht jeder durch. Und wir wissen auch, daß sie uns innerlich verändern. Die Frage ist nur: *Wie* werden wir uns verändern, und auf welche Weise werden wir mit den Folgen fertig? Wenn wir am Ende nicht als Sieger dastehen, werden wir dann „erledigt" und verbittert sein – oder klüger und liebevoller? Das Unglück hebt die Unterschiede zwischen uns auf. Im Leid können wir uns gemeinsam weiterentwickeln und uns selbst besser kennenlernen – oder auch verkrampfter und unnatürlicher werden. Wir haben einen großen Einfluß darauf, in welche Richtung wir uns verändern.

Wir hoffen, daß das Schicksal uns gnädig gestimmt ist. Wir wünschen uns, daß der Sturm, dem wir ausgesetzt sind, nicht allzu heftig sein wird und schnell vorbeizieht. Aber selbst wenn wir von anstrengenden und schwierigen Situationen völlig überrascht werden, sind wir doch niemals allein. Die Höhere Macht führt uns und steht uns bei. Manchmal hat der eine Partner mit größeren Schwierigkeiten zu kämpfen als der andere. Aber wenn wir auch weiterhin offen über unsere Gedanken und Gefühle sprechen, werden wir beide stärker, als es einer allein durch Stillschweigen je sein könnte.

Nennen Sie ein Problem, mit dem Sie im Moment konfrontiert sind, und sagen Sie dem anderen, wie Sie sich dabei fühlen.

Unser Problem bewirkt, daß wir etwas Wichtiges lernen

Einige der größten Genies haben gesagt, daß sie ihre Entdekkungen dann machten, als sie mit ihrer Weisheit am Ende waren. Sie tappten so lange im dunkeln, wie sie mit der ganzen Kraft ihres rationalen Wissens versuchten, das betreffende Problem zu lösen. Das war die nötige Voraussetzung für alles weitere. Denn dann kam ihnen jener blitzartige Einfall, der alle logischen Erwägungen weit übertraf. Einige erzählten, er sei ihnen, während sie schliefen, im Traum gekommen; andere beschrieben visuelle Eindrücke, die sich ihrer Gedanken bemächtigten, als sie ein wenig ruhten und entspannten.

In unserer Zweierbeziehung sind wir manchmal mit einem existentiellen Problem konfrontiert, für das es anscheinend keine Lösung gibt. Wir wünschen uns mehr Geld, um die Rechnungen zu bezahlen, hoffen für unser Kind, daß es keine Schwierigkeiten mehr hat, oder sind weiterhin frustriert, weil wir ständig benachteiligt werden. Das Leben ist nicht immer von Fairneß geprägt, und wir leiden vielleicht unter einer grausamen Ungerechtigkeit oder einer demoralisierenden Ungereimtheit, die wir weder klären noch sonstwie beseitigen können. So leben wir also zu zweit damit. Doch obwohl wir nicht imstande sind, dieses Problem zu ändern, verändert es *uns* mit der Zeit und bewirkt, daß wir etwas Wichtiges lernen. Und so reift im Innern allmählich jene Einsicht, die uns einer verständnisvollen und bejahenden Einstellung näherbringt – was eben durch rein logische Lösungen nie möglich gewesen wäre.

Schaffen Sie in Ihrem Leben Platz für grundlegende Einsichten, indem Sie sich ausruhen, entspannen und spielen.

90

Wir sind nur Menschen

Wir können unsere Grenzen und Schwächen ruhig eingestehen

Wenn wir unsere Grenzen und Schwächen offen zugeben, schaffen wir die besten Voraussetzungen für neue Entwicklungen und Veränderungen. Aber wenn wir immer wieder die deprimierende Überzeugung vertreten, daß diese Fehler nur unser wahres Wesen widerspiegeln, dann setzen wir sie allmählich als gegeben voraus. Das ist genau der Unterschied zwischen Machtlosigkeit und Hilflosigkeit. Wenn wir bekennen, daß es nicht in unserer Macht steht, alles mögliche unter Kontrolle zu bringen, werden wir uns einer tieferen Einsicht bewußt: daß mehr Halsstarrigkeit nur noch größere Niederlagen zur Folge hat. Einige unserer Bedürfnisse können nur dann befriedigt werden, einige Entwicklungen können nur dann geschehen, wenn wir die heilsamen Kräfte einer von außen kommenden Hilfe auf uns wirken lassen.

Weigern wir uns jedoch hartnäckig, die eigene Ohnmacht zu akzeptieren, führt dieser verbissene Eigensinn dazu, daß wir uns noch verzweifelter bemühen, Dinge zu tun, die wir allein nicht schaffen können. Am Ende sind wir dann resigniert und völlig hilflos. Deshalb sollten wir eine bessere Wahl treffen, die einerseits vielversprechend, andererseits aber auch schmerzlich ist: Wir stehen zu unseren Grenzen und Schwächen. So sind wir empfänglich für den Beistand und die bejahende Einstellung unseres Partners, anderer Menschen und unserer höheren Macht.

Sagen Sie dem Partner, welchen Ihrer Charakterfehler Sie bereit sind zu beseitigen.

Wir sollen auch weiterhin unser Bestes geben

Wir werden das Leben nie vollkommen verstehen. Was zunächst äußerst schlimm erscheint, hat plötzlich auch einen positiven Aspekt: Aus unserer Schwäche schöpfen wir Kraft, aus dem Schmerz resultiert eine innere Freiheit und aus dem Loslassen die Gelassenheit. Wir begreifen diese Paradoxe nicht wirklich, aber sie vermitteln uns eine Ahnung vom Geheimnis des Lebens.

Im tiefen Leid verlieren wir unsere kindliche Unschuld und erreichen die Bewußtseinsstufe des Erwachsenen. Vielleicht dachten wir ganz naiv, daß in unserem Leben alles in Ordnung sein wird, wenn wir nur hart arbeiten und immer das Richtige tun – aber dann geschah zufällig ein Unfall, eine Krankheit trat auf, eine schwerwiegende Auseinandersetzung entzündete sich, und wir kamen mit alldem nicht mehr zurecht. Das Leben erschien uns mit einem Mal qualvoll und chaotisch, auch wenn wir noch so viel arbeiteten. Da meldete sich aus der Tiefe des Schmerzes die innere Stimme und forderte uns auf, auch weiterhin unser Bestes zu geben, wagemutig nach jenen Dingen zu streben, die wir am meisten achten, und zu erkennen, daß wir mit allen Leidenden dieser Welt verbunden sind. So entwickelten wir uns weiter, um zu klügeren und reiferen Menschen zu werden, als es in der anfänglichen Unwissenheit je möglich gewesen wäre. Wir vertauschen unsere kindliche Einfalt mit einer mehr von Erfahrung geprägten Einstellung, akzeptieren, daß das Leben voller Geheimnisse ist, und lernen, mutig und stark zu sein, um es tatsächlich auch zu meistern.

Nennen Sie ein Problem, durch das Ihre besten Eigenschaften zum Vorschein kamen.

Wir müssen unserem inneren Wachstum Beachtung schenken

Das Vertrauen zu unserem Partner hat sehr viel mit dem Vertrauen zu uns selbst zu tun. Wenn wir uns ständig verwirrt und unsicher fühlen, wenn wir nicht genau wissen, welche Richtung einzuschlagen ist, lenken wir vielleicht unsere ganze Aufmerksamkeit auf die Außenwelt. Doch selbst wenn unser Selbstwertgefühl angekratzt ist, können sich unsere negativen Gefühle in Form von beschuldigenden Äußerungen gegen jemand anderen entladen.

Wenn wir auf solch negative Weise der Welt gegenübertreten und jede Verantwortung für uns selbst ablehnen, werden wir zu Lügnern. Denn dann schenken wir unserem inneren Wachstum keinerlei Beachtung und ignorieren die Wahrheit. Wenn wir uns also nicht zu der Rolle bekennen, die wir selbst in einem Konflikt spielen, werden wir auch unserem Partner kein Vertrauen entgegenbringen können. Wir entwickeln Vertrauen allein dadurch, daß wir uns selbst gegenüber ehrlich sind und diese innere Wahrheit und Verletzlichkeit dem anderen offenbaren.

Sagen Sie Ihrem Partner, in welcher Hinsicht Sie ihm voll und ganz vertrauen.

Das Wagnis eingehen, sich dem anderen zu öffnen ...

Mit unserer Muskelkraft können wir ein schweres Gerät in die Höhe heben oder eine versperrte Tür öffnen. In einer intimen Beziehung dagegen verhilft uns eine andere Art von Stärke dazu, daß wir riskieren, dem anderen offen zu begegnen und von ihm erkannt zu werden. Wenn wir auf den Partner zugehen, werden wir verwundbarer, denn einige unserer üblichen Schutzmaßnahmen fallen dann weg.

Wenn uns der Partner näher kennenlernt, sieht er auch unsere Schwächen und weiß, was uns glücklich und zärtlich stimmt oder was uns wütend macht. Wenn wir verstanden werden, fühlen wir uns nicht mehr allein, sondern, im Gegenteil, tiefer verbunden mit dem anderen. Und wenn wir dann die wunden Punkte und wenig anziehenden Eigenschaften des Partners kennen, erweist sich unsere Stärke gerade darin, daß wir sie quasi treuhänderisch verwalten und respektvoll mit jenen Schlüsseln umgehen, die er uns in die Hand gegeben hat.

Nennen Sie eine Möglichkeit, wie Sie Ihren Partner ganz sicher erfreuen können, und eine weitere, wie Sie ihn ganz sicher wütend machen.

Aus Konflikten resultiert oft ein besonderes Verständnis

Sobald zwei Menschen miteinander leben, werden sie sich von Zeit zu Zeit auch einmal auf die Füße treten. Egal, wie sehr wir den anderen lieben; egal, wie romantisch unsere Beziehung am Anfang war – wir müssen Möglichkeiten auskundschaften, den gemeinsamen Raum auf harmonische Weise zu teilen und die eigene Persönlichkeit zum Ausdruck zu bringen. Wir müssen Einigung darüber erzielen, inwieweit wir uns in die Angelegenheiten des Partners einmischen dürfen, und wir müssen einen Weg finden, wie wir geben und empfangen können, ohne dabei in Abwehrhaltung zu gehen. Das Behagen und die Freude, die wir zu Beginn unserer Liebe empfanden, werden vielleicht zeitweilig von Spannungen und Konflikten überlagert, sobald wir mit den vielfältigen Erfordernissen eines intensiveren geistigen Austauschs konfrontiert sind. Aber gerade aus Konflikten resultiert oft ein besonderes Verständnis, das nur wir beide haben können – denn es rührt daher, daß wir den anderen auf einer tieferen Ebene begreifen und akzeptieren.

Fragen Sie Ihren Partner, ob er sich wohl fühlt damit, wie Sie den gemeinsamen Raum in der Beziehung aufgeteilt haben.

Das menschliche Recht, sich auch einmal schlecht zu fühlen ...

Die Schriften der alten Propheten lehren uns Weisheiten, die nicht nur von *einem* klugen Menschen stammen, sondern über viele Generationen zusammengetragen wurden und von deren Überlebenskämpfen, Lernerfahrungen und Einsichten geprägt sind. Diese Schriften sagen uns, wie wir zu besseren Menschen werden können. Vielleicht dachten wir früher, wir müßten perfekt, vollkommen reif und makellos sein, um von den anderen akzeptiert zu werden. Und möglicherweise sind wir immer noch der Meinung, daß es etwas Schlechtes ist, sich schwach, unzulänglich oder leer zu fühlen, und daß wir uns von solchen Empfindungen unbedingt befreien sollten.

Viele Bücher der Mythologie, des spirituellen Wissens und der Heiligen Schrift bringen zum Ausdruck: Kämpfe nicht gegen die Wahrheit an. Sie sprechen davon, daß wir, eben weil wir Menschen sind, *all* unsere Gefühle akzeptieren sollen, um immer mehr eins zu werden mit uns selbst. Gerade indem wir für das menschliche Recht eintreten, uns auch einmal schlecht zu fühlen, geht es uns allmählich wieder besser. Und indem wir zugeben, daß wir einen Fehler gemacht haben, werden wir innerlich bereit, ihn wiedergutzumachen. Die wahre Stärke hat ihren Ursprung in der Schwäche.

Berichten Sie Ihrem Partner von einer Ihrer Schwächen, die sich in eine Stärke verwandelte.

Sich ganz direkt und voller Demut mit den eigenen Fehlern auseinandersetzen ...

Wenn wir etwas tun, das den Partner verletzt oder den eigenen Wertvorstellungen zutiefst widerspricht, wollen wir unsere unguten Gefühle zunächst vielleicht gar nicht wahrhaben. Aber wenn wir dann doch mit den eigenen Fehlern und Schuldgefühlen konfrontiert werden, hat es keinen Sinn, Vergleiche mit den Greueltaten eines Tyrannen oder der Herzensgüte eines Heiligen anzustellen. Wahrhaft demütig sein heißt: Uns ist bewußt, daß wir Menschen sind – weder völlig gut noch abgrundtief schlecht – und daß wir uns irgendwo in der Mitte zwischen diesen Extremen befinden. Indem wir die eigenen Irrtümer und Schwächen ehrlich ins Auge fassen, gestatten wir uns auch, es künftig besser zu machen.

Wenn wir unsere Mißgeschicke eingestehen und dem Partner zuhören, der sich wegen seiner begangenen Fehler schuldig fühlt, setzen wir uns beide mit der Wahrheit auseinander und kalkulieren mit ein, daß sich bald etwas ändern wird. Dieser Prozeß kann sowohl beängstigend als auch befreiend und erfrischend sein. Tatsache ist, daß falsche Entscheidungen und verkehrte Verhaltensweisen einer Partnerschaft mehr schaden, wenn sie verheimlicht oder falsch wiedergegeben werden. Setzen wir uns jedoch ganz direkt und demütig mit ihnen auseinander, können wir sie als Möglichkeit betrachten, etwas zu lernen und Änderungen herbeizuführen.

Wählen Sie heute eine Handlungsweise aus, die Sie demütig, weder mit dem Maßstab eines Teufels noch dem eines Heiligen beurteilen wollen.

Der Heilungsprozeß geht weiter

Oft halten wir die innere Heilung für einen Prozeß, der nach einer verletzenden Bemerkung des Partners oder nach einem handfesten Krach beginnt und irgendwann wieder vorbei ist. Im Grunde jedoch setzt er sich während unseres ganzen Lebens fort. Und normalerweise brauchen wir auch jeden Tag eine beträchtliche Dosis seiner wohltuenden Wirkungen, um gesund und kräftig zu bleiben. Ähnlich, wie die Hausarbeit nie wirklich erledigt ist und der Benzintank ab und zu erneut aufgefüllt werden muß, wirken sich besinnliche und heilsame Erfahrungen immer wieder positiv auf Geist und Körper aus. Wenn wir dem Partner mit ein paar Worten sagen, was wir an ihm besonders schätzen; wenn wir seine Lieblingsspeise zubereiten, um ihn zu erfreuen; oder wenn wir gemeinsam einen ruhigen Abend zu Hause verbringen, einfach nur entspannen und Musik hören, dann wird unsere Beziehung durch solche und viele andere schöne Erlebnisse auch weiterhin gefestigt und erfüllt sein.

Der innere Heilungsprozeß kommt erst mit der Zeit richtig in Gang, und wenn wir ihn krampfhaft beschleunigen wollen, blockieren wir ihn nur. Verlangen wir zum Beispiel eine Entschuldigung, weil sie uns doch offensichtlich zusteht, oder beharren stur auf einem Gespräch über unsere unbefriedigten Bedürfnisse bzw. unsere eigene Zeitplanung, dann kann dies, anstatt der ersehnten Aussprache, einen Machtkampf zur Folge haben. Der natürliche Heilungsprozeß vollzieht sich erst dann ganz ungestört, wenn wir auf ihn vertrauen und unseren Eigensinn aufgeben.

Beschreiben Sie eine dieser heilsamen Erfahrungen, die Sie kürzlich gemacht haben.

Die meisten von uns beginnen ihre Paarbeziehung mit einer ganzen Reihe von Verhaltensregeln, die sie von den Eltern „geerbt" haben. Der Partner bringt seinerseits gewisse Normen in die Verbindung mit. Wenn wir all diese einmal zusammentragen, stellt sich unmittelbar die Frage: Nach welchen Grundsätzen wollen wir leben, wessen Bedürfnisse sollen als Richtmaß dienen?

Wenn wir uns von den Imperativen der Vergangenheit zu befreien versuchen, verfallen wir manchmal in ihr genaues Gegenteil. Mußten wir zum Beispiel früher immer sauber und ordentlich sein, hinterlassen wir jetzt vielleicht ganz bewußt ein um so größeres Chaos. Oder wir denken vielleicht, dem Partner alles genauso recht machen zu müssen wie unseren Eltern. Solange wir ausschließlich zwischen dem einen und dem anderen Imperativ wählen, verfügen wir noch nicht über jene eigenen Wertvorstellungen und Präferenzen, mit deren Hilfe wir besonnen abwägen und entscheiden können.

Wenn wir die Grundsätze, mit denen wir aufgewachsen sind, mehr durchschauen, können wir für uns selbst die bessere Wahl treffen. Wenn wir außerdem immer wieder der inneren Stimme lauschen und uns mit dem Partner besprechen, so daß wir also *zwei* Stimmen hören, wird unsere Beziehung ganz gewiß gedeihen und aufblühen.

Sprechen Sie mit Ihrem Partner über einige dieser Imperative, durch die Sie beide in unterschiedliche Richtungen getrieben werden.

Wir denken über die früheren Lebensstationen nach ...

Viele von uns haben schon einiges durchgemacht, sowohl allein als auch mit dem Partner. Und wir wissen auch, daß es hilfreich ist, über unsere früheren Lebensstationen ab und zu einmal nachzudenken. Allerdings haben wir dann manchmal das Gefühl, daß es bisher zu keinerlei Fortschritten kam, weil wir immer noch und immer wieder die alten Kämpfe austragen. Aber seien wir realistisch und ziehen in Betracht, was wir bisher gelernt haben. Zum Beispiel wird uns viel schneller bewußt, wann wir vom richtigen Weg abkommen. Dieses Wissen gibt uns die Kraft, das jeweilige Problem zu benennen und nach einer Lösung zu suchen.

Schon früher hat unser Perfektionismus nichts gebracht, und auch jetzt kommen wir damit gewiß nicht weiter. Unser Geist und unsere Energie hat uns bis hierher geführt. Deshalb können wir diesen wunderbaren Geist über alles schätzen und preisen!

Sprechen Sie mit Ihrem Partner, und zählen Sie jene Bereiche Ihrer Beziehung auf, in denen Sie Fortschritte gemacht haben.

Wir führen im Laufe unseres Lebens mehrere Leben ...

Wenn wir aus einem schrecklichen Traum erwachen, seufzen wir erst einmal tief erleichtert: „Gott sei Dank war es nur ein Traum." Wenn wir im wirklichen Leben einen großen Fehler begangen haben, möchten wir ihn nur allzu gern wieder rückgängig machen. Es wird uns zwar nicht gelingen, diesen unguten Moment auszulöschen, aber das Leben offeriert uns trotzdem noch eine zweite Chance ... und eine dritte, eine vierte. Die entscheidende Frage lautet jedoch: Lernen wir auch aus unseren Erfahrungen?

In gewisser Weise führen wir im Laufe unseres Lebens mehrere Leben und machen in einer Beziehung auch ganz verschiedene Phasen durch. Heute ist ein neuer Tag, und er bietet uns alle Möglichkeiten eines neuen Anfangs. Wir haben aus der Vergangenheit unsere Lehren gezogen. So schmerzlich und schwierig diese Erfahrungen auch waren – wir können uns jetzt stärker fühlen, eben weil wir unsere Lektion gelernt haben. Niemand ist gegen Ungerechtigkeiten und verhängnisvolle Zufälle gefeit. Und dennoch müssen wir komplizierte und problematische Dinge nie zweimal tun. Heute können wir ganz einfach dankbar sein für einen weiteren Tag und all die günstigen Gelegenheiten, die er mit sich bringt.

Nennen Sie ein Beispiel dafür, daß Sie heute anders sind, weil Sie aus Ihren Erfahrungen etwas gelernt haben.

Einige von uns wollen ihre Vergangenheit vergessen. Wir wollen uns nicht mehr daran erinnern, daß wir vorher schon einmal verheiratet waren, daß wir mißhandelt wurden oder Dinge taten, die wir jetzt bereuen. Diese Verdrängung rechtfertigen wir mit solchen Phrasen wie: „Man kann nicht ständig in der Vergangenheit leben!" Schwierige Zeiten sind sozusagen wertvolle Lehrmeister, aber wenn wir uns weigern, an sie zu denken und über sie zu sprechen, können wir auch ihre Lektionen nicht lernen. Anstatt klüger, stärker und reifer zu werden, fangen jene, die mit ihren Erinnerungen nichts zu tun haben wollen, einfach immer wieder von vorne an, ohne je auf der Vergangenheit aufzubauen.

Mit den eigenen Erfahrungen und Enttäuschungen produktiv umzugehen mag uns schwerfallen. Aber wir können es in kleinen Schritten lernen. Wir machen einen Anfang, indem wir über ein früheres Ereignis *sprechen*. Wem haben wir davon schon erzählt? Welche Bedeutung hatte es damals für uns? Wie denken wir heute darüber? Wir können über alles sprechen, wenn wir nur eine Möglichkeit finden, uns irgendwie auszudrücken. Dann kann uns dieses Erlebnis nicht mehr verletzen: Wir entwachsen ihm gleichsam.

Erzählen Sie dem Partner von einer – frohen oder traurigen – Erinnerung an jene Zeit vor Ihrer Begegnung. Welche Bedeutung hatte die damalige Sache für Sie?

„Flickarbeit" ist zwar ein etwas profaner, aber doch passender bildlicher Ausdruck für unser von Spiritualität geprägtes Alltagsleben. Wir alle sind Teil jenes großen Gewebes, das die Weltgemeinschaft repräsentiert. Wenn ein afrikanisches Ehepaar in seiner aus Lehm und Ziegeln erbauten Hütte eine aufrichtige und glückliche Beziehung führt, wird die Welt aufgrund dieser Tatsache ein klein wenig besser sein. Aber diese beiden Menschen können nur sich selbst und ihre Beziehung in den Griff bekommen, und dies trifft auf jeden von uns zu, wo immer wir auch leben.

Tagaus, tagein kehren wir nicht etwa zu unseren hochfliegenden Vorstellungen von Perfektion zurück, sondern ganz einfach zu unserer Flickarbeit. Wir greifen in den Nähkorb, holen eine Nadel hervor und fädeln das Garn ein, um das Loch oder den Riß zu stopfen, die durch unsere Selbstsucht, unsere Gedankenlosigkeit oder Unehrlichkeit verursacht wurden. So geben wir uns als wertvolle Mitglieder der menschlichen Gemeinschaft zu erkennen, wenn wir diese innere Inventur selbst durchführen und die begangenen Fehler jeden Tag wiedergutmachen.

Sagen Sie Ihrem Partner, welche Stellen in Ihrem Leben und in Ihrer Beziehung Sie heute „ausbessern" werden.

Wir lernen aus unseren Fehlern, wenn wir sie wiedergutmachen

Wir glauben nicht an Perfektion, sondern an die Möglichkeit, die eigenen Irrtümer zu berichtigen. Wir bewegen uns auf ein bestimmtes Ziel zu, aber nur selten verläuft unser Weg geradlinig, und immer wieder rutschen wir aus. Das Leben gleicht einem Zickzackkurs: Zunächst sind die Geschehnisse und Abläufe so angeordnet, wie wir es wünschen, und dann gerät alles wieder durcheinander. Wir versuchen, unser Bestes zu geben, aber zwangsläufig begehen wir Fehler. Deshalb verbringen wir einen Großteil unseres Alltags damit, kleinere und größere Pannen zu beheben.

Wenn wir die eigene Unvollkommenheit als unumstößliche Tatsache akzeptieren, sind wir auch einverstanden damit, ständig etwas in Ordnung bringen zu müssen. Es macht keinen großen Spaß, einem anderen zu sagen: „Du, ich habe einen Fehler gemacht und muß mich bei dir entschuldigen", aber wenn wir uns dazu durchringen, werden wir innerlich stärker. Jede Enttäuschung, jede Klage deutet auf eine unterschwellige Hoffnung, auf einen geheimen Wunsch hin. Wir können uns diese schmerzlichen Empfindungen zunutze machen, um allmählich herauszufinden, welche schadhaften Stellen wir gerne beseitigen würden. Wenn wir alles immer genauso anpacken, wie es uns schon hinlänglich vertraut ist, werden wir kein bißchen schlauer. Wir lernen erst dazu, wenn wir die begangenen Fehler korrigieren.

Entscheiden Sie sich, welche Mißfallensäußerung oder welchen Fehler Sie wiedergutmachen und dadurch in eine Lernerfahrung umwandeln möchten.

In jeder Beziehung blicken die Partner auf einige bedauerliche und schmerzliche Ereignisse zurück. Viele Paare erkennen jetzt deutlich, was ihnen früher immer verschwommen und unverständlich erschien. Einige stöhnen: „Wir sind aus lauter falschen Vorstellungen aneinandergeraten" oder: „Wir mußten zu viele Schicksalsschläge hinnehmen!" Dennoch: Im Laufe der Zeit erlebt jedes Paar einige Dinge, die einem der Partner (oder auch beiden) sehr leid tun. Wenn man aus den Problemen erst im nachhinein schlau wird, ist das kein Grund, die Beziehung aufzugeben. Im Gegenteil, nur so bleibt die Liebe lebendig.

Es entmutigt uns vielleicht, an die Vergangenheit zu denken und so klar die Schwierigkeiten vor Augen zu haben, mit denen wir kämpfen mußten. Aber im Grunde stellt sich heute nur eine Frage: Können wir aus alldem etwas lernen? Wenn ja, werden wir robuster, klüger und glücklicher sein, als es in einem weniger stürmischen, weniger anstrengenden Leben je möglich gewesen wäre. Eine verheilte Wunde festigt die Beziehung oft mehr als das ursprüngliche Band.

Erinnern Sie sich an eine schwierige Zeit, die Sie gemeinsam bewältigt haben, und an die daraus resultierenden Geschenke, die Ihrer Beziehung zugute kamen.

Es gibt keine endgültigen Antworten

Lesen und studieren sind die klassischen Methoden, um sich geistig weiterzubilden. Wenn man es sich einzeln oder zu zweit ein Leben lang zur täglichen Gewohnheit macht, auf diese Weise von klugen Menschen zu lernen, wird die innere Entwicklung bestens gefördert. Die Errungenschaften einer Kultur sind davon abhängig, daß jede Generation auf den Fortschritten vergangener Zeiten aufbaut. Wir brauchen das Rad nicht noch einmal zu erfinden. Nachdem wir von den Früheren gelernt haben, machen wir bei unseren eigenen Entdeckungen und Hervorbringungen vielleicht sogar an dem Punkt weiter, wo sie aufgehört haben. Nur wenn wir halsstarrig und trotzig sind, sagen wir Dinge wie: „Ich muß meinen eigenen Weg gehen und habe keine Lust, von irgend jemandem etwas zu lernen." Unser Individualismus entpuppt sich dann als eine jener Halbwahrheiten, durch die wir in Probleme verstrickt werden, denen andere längst abgeholfen haben.

Es gibt keine endgültigen Antworten – und auch keine absolute Freiheit –, sondern nur kontinuierliche Entwicklung. Wir schreiten voran, indem wir uns der täglichen Lektüre widmen, empfänglich sind für die Lehren, die andere aus dem Leben gezogen haben, und genauer untersuchen, wie sie mit den schwierigsten geistigen Fragen fertig wurden.

Nennen Sie ein inspiriert geschriebenes Buch, das Ihnen wichtige Anregungen gibt.

... unseren Partner so kennenlernen, wie er heute ist

Einige von uns mußten die schrecklichen Qualen einer Scheidung durchstehen. Wir alle sind – infolge einer Trennung oder anderer schlimmer Ereignisse – mit den Nachwirkungen früherer Verletzungen konfrontiert, wodurch unsere Fähigkeit, dem anderen Vertrauen zu schenken und hoffnungsfroh in die Zukunft zu blicken, immer noch ernsthaft beeinträchtigt wird. Manche haben weiterhin die Stimme ihres überkritischen Vaters oder ihrer allzu fürsorglichen Mutter im Ohr, sobald der Partner etwas sagt. Oder wir hören in der eigenen lauten Stimme den schrillen Tonfall unserer Eltern, die sich immer wieder gegenseitig bekriegten. Und so reagieren wir jetzt vielleicht auch deshalb überempfindlich auf unseren Gefährten, weil uns davor graust, daß sich die gleichen Szenen noch einmal wiederholen.

Tief innen wissen wir, daß kein Mensch unsere alten Wunden beseitigen oder ihre schmerzlichen Nebeneffekte ganz vermeiden kann. Bisweilen müssen wir uns selbst daran erinnern, daß unser Gegenüber weder der Ex-Gatte noch die Ex-Frau ist – und auch nicht Vater oder Mutter. Unsere Erinnerungen markieren unsere frühere, nicht unsere jetzige Situation. Wenn wir also die Vergangenheit loslassen, sind wir endlich frei genug, den Partner so kennenzulernen, wie er heute, in diesem neuen Lebensabschnitt, tatsächlich ist.

Beschreiben Sie eine Verhaltensweise Ihres Partners, auf die Sie überempfindlich reagieren.

Den spontanen Impulsen nicht mehr nachgeben ...

Wenn ein Freund irgendwelche Bemerkungen über ein heikles Thema macht, steigen wir vielleicht voll darauf ein und geben Dinge von uns, die wir nicht wirklich so meinen. Wenn der Partner nicht genügend auf sich acht gibt, steigern wir uns unter Umständen derart in dieses Problem hinein, daß wir die eigenen Bedürfnisse vernachlässigen. Und das Verhalten von jemand anders bringt uns möglicherweise so auf die Palme, daß wir unsere moralischen Grundsätze völlig mißachten, um nur irgendwie Rache zu nehmen.

Den spontanen Impulsen nicht mehr nachzugeben, stellt für uns eine hohe Hürde dar. Jene, die sie nicht nehmen wollen, bleiben immer in ihrem impulsiven Verhalten gefangen. Jedesmal, wenn wir quasi auf Knopfdruck reagieren, schweifen wir unvermittelt vom Thema ab und sagen oder tun etwas, das unsere Selbstachtung mindert. Um solche Handlungen zu vermeiden, sollten wir zunächst einmal unseren „Streß-Pegel" reduzieren, indem wir jeden Tag in aller Stille meditieren, uns oft ausruhen, ehrlich gegen uns selbst sind, Freunde haben, mit denen wir offen reden können, und eine bewußte Beziehung zu unserer Höheren Macht entwickeln. Mit der Zeit und durch beharrliche Anstrengung werden wir zu alldem auch fähig sein – so, als würden wir lernen, ein gutes Bild zu malen. Dafür werden wir dann mit einem Leben belohnt, das von innerer Stärke und hoher Selbstachtung erfüllt ist.

Beschreiben Sie eine Situation, in der Sie versucht sind, impulsiv zu reagieren, statt so zu handeln, wie es die innere Stimme lehrt.

Demut schenkt uns Einfühlungsvermögen

Viele von uns dachten früher einmal, daß Demut fast gleichbedeutend sei mit Demütigung. Aber in einer liebevollen Beziehung lernen wir, was wahre Demut ist. Diese kommt zum Beispiel in folgender Einstellung zum Ausdruck: „Ich mag mich und habe Achtung vor mir selbst – deshalb erwarte ich von dir, daß du mich magst und respektierst, obwohl ich nicht der Mittelpunkt der Welt bin. Ich nehme meinen Platz ein in der Familie Gottes, aber ich bin nicht vollkommen. Ich schaffe nicht alles, und ich bin auch nicht allwissend. Ich muß anderen Menschen Gehör schenken und bin darauf angewiesen, daß sie mir zuhören."

Schwächen zu haben und Irrtümern zu erliegen ist ganz normal. Wenn wir unsere Fehler liebevoll akzeptieren und sie auch wiedergutmachen, werden wir gegenüber anderen nachsichtiger. Denken wir jedoch ständig daran, wie schlecht oder wie unwürdig wir doch seien, so ist das nur eine Form von Ichbezogenheit. Eine von Vernunft geprägte Demut befreit uns von solchen zwanghaften Vorstellungen und bewirkt, daß wir uns in den anderen einfühlen.

Nennen Sie eine Ihrer Schwächen, die Sie zu akzeptieren gelernt haben.

Alltägliche Augenblicke

Aus alltäglichen Augenblicken entwickelte sich eine wahre Beziehung ...

Heute mag ein ganz gewöhnlicher Tag sein, der ganz anders ist als jene früheren, an denen Ihr Leben eine Wende nahm – eben weil Sie das Abitur bestanden hatten oder weil Sie zum ersten Mal dem Menschen begegneten, der später Ihr Lebensgefährte wurde. Nehmen Sie sich jetzt ein wenig Zeit, und denken Sie an einige ganz einfache Tage in Ihrer Vergangenheit. Erinnern Sie sich daran, wie Sie und Ihr Partner an einem Wochenende erst spät aufwachten und sich einen faulen Vormittag machten oder wie Sie einmal für einen Besuch zu Verwandten fuhren. Rufen Sie sich zum Beispiel auch jenen Abend ins Gedächtnis zurück, da Sie zu zweit ins Kino gingen. Diese alltäglichen Augenblicke, in denen Sie nichts anderes taten, als den normalen Dingen des Lebens nachzugehen, waren sozusagen das Material, aus dem sich eine wahre Beziehung entwickelt. Auch der heutige Tag ist Teil dieses Materials. Sie haben es in der Hand, Ihrer Beziehung jene Eigenschaften zu verleihen, die Sie sich wünschen. Zum Beispiel können Sie eine schöne Atmosphäre schaffen, indem Sie Ihre Lieblingsmusik spielen, oder das Gefühl von Intimität herstellen, indem Sie ein Gespräch über Ihre innersten Gedanken anregen, oder aktiv werden, indem Sie zusammen Tennis spielen bzw. einen ausgedehnten Spaziergang unternehmen.

Das geistige Leben einer Beziehung gewinnt in der Weise Gestalt, wie wir unsere gewöhnlichen Tage verbringen. Im Laufe eines Lebens gibt es nur einige wichtige Wendepunkte. Allein der Alltag enthält die wahren Bausteine jeder echten Verbindung.

Sagen Sie Ihrem Partner, was Sie heute gerne tun möchten, um die Atmosphäre Ihrer Beziehung positiv zu beeinflussen.

Veränderungen rütteln unser Interesse wieder wach ...

Wenn wir die Möbel in einem Zimmer umstellen, scheint es sich irgendwie zu verändern. Vielleicht wirkt es größer, offener, einladender. Plötzlich fallen uns Einrichtungsgegenstände auf, die wir sonst immer übersehen haben. Solche Veränderungen sind erfrischend und rütteln unser Interesse wieder wach. Genauso, wie wir gelegentlich das Mobiliar in unserer Wohnung verrücken, müssen wir ab und zu auch das Inventar unseres Herzens und unseres Geistes neu ordnen.

Manchmal wird die Veränderung dadurch herbeigeführt, daß wir die Arbeitsstelle wechseln, daß jemand krank geworden ist oder daß die heranwachsenden Kinder höhere Ansprüche an uns stellen. Sobald wir das ärgerliche Gefühl überwunden haben, zu bestimmten Schritten gezwungen zu sein, wird uns klar, daß sich die noch ungewohnte Situation durchaus positiv auswirkt. Zudem können wir uns auch dafür entscheiden, neue Erfahrungen zu machen, um die Welt mit anderen Augen zu sehen. Wenn wir zum Beispiel die größeren Hausarbeiten immer samstags morgens erledigen, unterbrechen wir einfach diesen routinemäßigen Ablauf und machen zusammen einen Ausflug. Oder wir nehmen uns im Haushalt eine andere Sache vor als sonst, bereiten dem Partner ein kleines Geschenk, auch wenn er nicht Geburtstag hat, besuchen eine Matinee – oder lesen uns gegenseitig ein Gedicht vor.

Berichten Sie von einer inneren Veränderung des Partners, durch die Ihr Interesse an ihm von neuem erwachte.

Wie geht es dir?
Oder: Wie geht es mir eigentlich?

Wie der Efeu, der sich am Fensterbrett emporrankt, Wasser und Licht benötigt, um zu gedeihen, so herrscht auch in unserer Freundschaft ein hoher Bedarf an gegenseitiger Fürsorge und Pflege. Wir haben gewiß den Wunsch, daß ein guter Freund immer da ist, wenn wir ihn brauchen. Aber wir selbst sind so intensiv damit beschäftigt, alle Grundbedürfnisse unseres Lebens abzudecken, daß wir den Kontakt zu unseren Freunden, ja sogar zu unserem Partner verlieren. Wir fragen noch nicht einmal: Wie geht es dir? Oder: Wie geht es mir eigentlich?

Trotz unserer inneren Unruhe und äußeren Hektik wird uns ein kurzes Telefongespräch das Gefühl geben, entspannter und nicht gar so beschäftigt zu sein. Diese kleinen, scheinbar unbedeutenden Aufmerksamkeiten sind für eine Freundschaft von großer Wichtigkeit, denn sie beleben uns mit dem Geist menschlicher Wärme und Fürsorge. Dadurch erinnern wir uns erneut daran, was uns wirklich am Herzen liegt, und werden empfänglich für die zärtlichen Gefühle des Partners.

Rufen Sie einen Freund an, den Sie eine ganze Weile nicht gesehen haben, um einfach die Verbindung zu ihm wiederherzustellen.

Noch den winzigsten Augenblick bewußt erleben ...

Unser Leben wird nicht nur in den dramatischen Augenblicken tiefgreifender Veränderungen oder durch unsere kühnen Taten geformt, sondern auch im routinemäßigen Ablauf unseres ganz alltäglichen Lebens. Durch diese normalen Tätigkeiten finden wir zu innerer Stetigkeit, entwickeln Vertrauen und bleiben uns selbst treu. Wenn wir in der Küche stehen und den Sellerie schneiden fürs Abendessen, wenn wir zur Bank gehen, um den Betrag für die Strom- und Wasserrechnung zu überweisen, oder einfach nur innehalten, um in Ruhe nachzudenken, erledigen wir unsere notwendigen Aufgaben und ermöglichen so überhaupt erst unser Dasein.

Diese eher nüchternen Momente enthalten spirituelle Wahrheiten, von denen sich unser Leben „nährt". Indem wir Farben und Gerüche genau wahrnehmen, die frische Luft einatmen, Ordnung schaffen in unserem Leben, beginnen wir, die tieferen geistigen Kräfte zu erfahren, und treten zugleich in Verbindung mit unserer Höheren Macht. Geistige Lebendigkeit hat ihren Ursprung nicht in irgendwelchen äußeren Reizen; vielmehr strömt sie in uns ein aufgrund jenes inneren Quells, der uns noch den winzigsten Augenblick bewußt erleben läßt, so daß jeder von ihnen einen besonderen Wert bekommt.

Seien Sie jetzt, in diesem Augenblick, ganz hellwach, und beschreiben Sie dem Partner, was Sie mit Ihren Sinnen aufnehmen.

Wir leben auf mehreren Ebenen gleichzeitig

An den meisten Tagen haben wir nicht das Gefühl, daß uns die große Erleuchtung kommt – sie sind ganz einfach so wie sonst auch. Genaugenommen scheinen einige Tage sogar überhaupt nur nach dem gleichen alten Schema abzulaufen, gekennzeichnet durch nichts anderes als stumpfsinnige Plackerei und Langeweile. Aber unsere Existenz besteht nicht allein aus dem, was wir tun. Denn wir tragen den Funken des Schöpfers in uns und leben auf mehreren Ebenen gleichzeitig. Während wir uns heute durch den gleichen Verkehr kämpfen, um ins Büro zu kommen, oder all die gewohnten Arbeiten erneut verrichten, sind wir doch auch mit unserer Höheren Macht verbunden.

Eine bestimmte Form des Gebets oder der Meditation besteht gerade darin, diese jeden Tag ausgeführten Tätigkeiten zu benutzen, um uns der Gegenwart Gottes bewußt zu werden und offen für Ihn zu sein. Denn während wir den Rasen mähen, unser Fitneßtraining absolvieren oder ein Bad nehmen, können wir zugleich die enge Verbindung mit Gott aufrechterhalten. Dann sind gewisse Situationen nicht einfach bloß strapaziös – denn auf einer anderen Ebene sind wir der tiefinneren Glut unseres Daseins nah.

Sitzen Sie ganz still. Schließen Sie die Augen. Versuchen Sie einfach, überhaupt nichts zu tun. Und fühlen Sie dann, wie sich der Lebensfunke in Ihrem Innern regt.

Wir können den ganzen Tag so gestalten, daß er bereichernd und angenehm für uns ist

Wir möchten, daß unser Leben einen Sinn hat und positive Ergebnisse zeitigt. Wir wollen das Gefühl haben, daß jeder Tag uns lohnenden Zielen näherbringt. Es mag dann seltsam erscheinen, wenn wir die Parole ausgeben: „So einfach wie möglich." Aber Einfachheit und Größe gehen oft Hand in Hand. Zum Beispiel bewegt die Schönheit griechischer Baukunst die Seelen der Menschen schon seit zweieinhalb Jahrtausenden, und doch gründet sie auf ganz einfache Linien. Und die einfache Botschaft der goldenen Regel: „Tu keinem andern an, was er dir nicht antun soll" gehört zum festen Bestand aller großen Weltreligionen.

In unserem Leben zu zweit können wir einfache Dinge sagen oder tun, die das Leben bereichern und angenehm für uns gestalten. Wir brauchen uns dafür gar nicht übermäßig anzustrengen. Wenn wir einfach nur am Tisch sitzen, um jeden Tag gemeinsam zu essen, vielleicht dabei eine Kerze anzünden oder einen Witz erzählen; wenn wir gemeinsam spazierengehen, dem anderen für einen Moment in die Augen schauen, uns im Bett aneinanderkuscheln, ehe wir einschlafen; wenn wir Hand in Hand arbeiten, um die Wohnung sauberzumachen, oder gemeinsam ein Gebet sprechen – dann wird dadurch unsere Sehnsucht nach dem Besonderen und Wunderbaren schon gestillt.

Erzählen Sie dem Partner von einer ganz einfachen Tätigkeit, die Sie täglich verrichten und besonders gerne mögen – oder wählen Sie gemeinsam eine aus, die Sie auch miteinander in Angriff nehmen wollen.

Wenn wir die eigenen Fehler nicht akzeptieren, werden wir nie imstande sein, irgendwelche Fortschritte zu machen. Wenn wir uns nicht auf das Spiel einlassen, um einen Treffer zu erzielen, werden wir alt, ohne je den Ball berührt zu haben.

Das Leben ist voller Risiken. Und auch eine Zweierbeziehung stellt ein großes Wagnis dar. Aus sich herausgehen, die eigene Meinung zum Ausdruck bringen, dem Partner die tiefsten Gefühle mitteilen, im Park sich zusammen austoben, die Zurückhaltung voreinander aufgeben und ab und zu auch einmal auf die Nase fallen – all diese Dinge schenken uns Freude am Leben. Aber wenn wir immer nur auf Nummer Sicher gehen wollen, werden wir nie jene erregenden Spannungszustände erleben, die einfach mit dazugehören. Unser Zusammenleben wird langweilig und nichtssagend, wenn wir nicht von Zeit zu Zeit etwas riskieren. Denn wir haben das Recht, sowohl schwach als auch stark zu sein; das Recht, respektiert zu werden, ganz gleich, ob wir uns gerade lächerlich vorkommen oder würdevoll erscheinen; und das Recht, unsere Überzeugungen kundzutun, selbst wenn sie noch unausgegoren sind. Der größte Fehler bestünde darin, sich nie wirklich dem Leben hinzugeben.

Überlegen Sie sich einmal, was Sie zusammen mit Ihrem Partner gerne machen würden, wenn alle Ihre Vorurteile und Vorsichtsmaßnahmen wegfielen.

Wir geraten mit den Arbeitskollegen in Konflikt, der Partner ist nur noch mit seinen Problemen beschäftigt, das Kind benimmt sich ungezogen – solche Vorkommnisse überfordern und verwirren uns. Vielleicht sagen wir uns dann: „Wenn er sich doch nur mal zusammenreißen und nicht mehr so viel Ärger machen würde, könnten wir friedlicher zusammenleben." Das Leben ist immer einfacher, wenn niemand anders für Aufregung sorgt. Aber es kommt eigentlich nie vor, daß alles vollkommen harmonisch verläuft. Wenn wir dann zulassen, daß diese äußeren Umstände über unseren geistigen Frieden bestimmen, werden wir die meiste Zeit nervös und gereizt sein.

Wir selbst entscheiden, ob die Verhaltensweisen oder Probleme eines anderen Menschen einen derart quälenden Einfluß auf uns haben. Wir können auch anders reagieren, sobald wir erst einmal aufhören, ständig über das Befinden des Partners nachzugrübeln. In einer intimen Beziehung ist es zwar sehr wichtig, dem anderen zuzuhören und sorgsam mit ihm umzugehen, aber wir sind keine große Hilfe, wenn die eigene innere Gelassenheit dabei auf der Strecke bleibt. Durch besinnliche Gedanken und bewußte Konzentration auf unsere positiven Verbindungen mit den Menschen und mit der Höheren Macht vermeiden wir die Gefahr, uns völlig zu verzetteln, sobald andere in Schwierigkeiten sind.

Sprechen Sie mit Ihrem Partner über seelische Belastungen, denen Sie beide ausgesetzt sind, und machen Sie sich klar, auf welche Weise Sie Ihre geistige Spannkraft unterstützen können.

Vergessen wir die Anforderungen und Ablenkungen ...

Jene Augenblicke, da wir vollkommen abschalten und jedes Zeitgefühl verlieren, sind Nahrung für den Geist, Balsam für die Seele und Kraftquell für die Partnerschaft. Wir brauchen diese Momente jeden Tag, nicht nur während der Ferien. Und sie werden uns dadurch zuteil, daß wir sie genau einplanen. Zehn Minuten oder eine halbe Stunde Ruhe genügen bereits. Indem wir uns von Zerstreuungen fernhalten und andere Verpflichtungen einfach vergessen, werfen wir gedanklichen und seelischen Ballast ab. All diesen Dingen können wir uns auch später noch widmen.

Die bewußte Wahrnehmung des ursprünglichen Rhythmus, der uns mit dem Partner verbindet – des Atemrhythmus, des Wechselspiels von Wachen und Schlafen, von Hunger und Sättigung, von körperlicher Liebe und Arbeit –, ist eine Form von Meditation. Durch diese harmonischen Abläufe werden wir friedlich miteinander vereint. Vergessen wir also für einen Moment die Anforderungen und Ablenkungen, die uns das Leben oft schwermachen, und besinnen wir uns auf jene ursprünglichen Lebensvorgänge, die wir mit unseren Vorfahren gemein haben. Dann sehen wir die eigene Existenz in einem größeren Zusammenhang und fühlen uns vollkommen im Gleichgewicht.

Nehmen Sie sich jetzt ein paar Minuten Zeit, um innerlich ganz ruhig zu werden.

Wenn die Menschen in unserer Nähe großen Belastungen ausgesetzt sind, können wir uns trotzdem ganz ruhig fühlen. Und auch wenn es infolge jener Probleme, die in einer Beziehung fast zwangsläufig auftauchen – zu viele Rechnungen und zuwenig Geld, ständige Scherereien mit dem Auto, Sorgen wegen der Kinder, Auseinandersetzungen mit Verwandten –, zu Spannungen kommt, so gehören sie zum Leben mit dazu, sind aber nicht Teil unserer selbst. Durch innere Gelassenheit zehren uns die Schwierigkeiten und Leiden, denen wir weiterhin ausgesetzt sein mögen, nicht mehr auf.

Inneren Abstand gewinnen – das ist der Leitgedanke, der uns hilft, mit Problemen unterschiedlichster Art fertig zu werden. Er bewirkt, daß wir uns wohler fühlen, weil wir zwischen den Problemen in unserer Umgebung und jenen in uns selbst unterscheiden können. Wir kommen mit allem einfach besser zurecht, wenn wir uns von dem äußeren Hin und Her distanzieren. Büßen wir diesen inneren Abstand ein, dann geht es in unserem Kopf zu wie in einem Tollhaus. Erkennen wir jedoch ganz klar, was wir ändern können und was nicht, machen wir jene Situationen, die sich sowieso unserem Einfluß entziehen, nicht noch chaotischer.

Nennen Sie ein Problem, das Sie innerlich beschäftigt, obwohl Sie es im Grunde von sich weisen könnten.

Durch Aufmerksamkeit werden wir mitten in die Gegenwart versetzt

Heute mag wieder so ein Tag sein, der uns ganz besonders anstrengend vorkommt – bis wir schließlich sogar eingestehen müssen, daß wir froh sind, wenn er endlich vorbei ist. Oder vielleicht fühlen wir uns auch zu beschäftigt, um einmal innezuhalten und diesen Tag ganz bewußt wahrzunehmen. Außerdem kann es sein, daß wir derart auf eine glückliche Zukunft bauen oder so sehr an einer kummervollen Vergangenheit festhalten, daß uns das Heute als eine Art Wegwerfartikel erscheint. Aber wenn wir solche Gedankenspiele mit der Zeit treiben, werden unsere Lebenskräfte schnell aufgezehrt.

Wir müssen uns nicht als Opfer der Zeit fühlen. Vielmehr werden wir mitten in die Gegenwart versetzt, wenn wir aufmerksam sind und auf die eigenen Wahrnehmungen achten: auf Gerüche, Blicke, Berührungen, Geräusche und Geschmacksempfindungen. Indem wir uns diese sinnlichen Eindrücke vergegenwärtigen, erkennen wir allmählich genau, was um uns herum vorgeht, und erfreuen uns auch daran. Zum Beispiel halten wir inne, um dem Menschen, der mit uns spricht, aufmerksam zuzuhören und das Gefühl zu geben, daß wir wirklich für ihn da sind. Eine solche Unterhaltung oder auch ein Tag im ganzen ist kein „Einwegbecher", der einmal benutzt und dann zum Abfall getan wird. Jeder Tag ist ein Geschenk – wie eine Tasse aus feinem chinesischen Porzellan. Wenn wir daraus trinken, wissen wir sie zu schätzen und sind vorsichtig. Und mag uns dieser Tag auch mit bestimmten Herausforderungen konfrontieren, so werden wir ihn doch mit Wohlgefallen auf uns wirken lassen – wie einen unvergleichlichen Gegenstand, der kein zweites Mal existiert.

Gehen Sie in sich. Achten Sie ganz bewußt auf Ihren Atem und auch auf die winzige Zeitspanne zwischen den Atemzügen.

Die tiefsten Wahrheiten des Lebens verbergen sich in den einfachen Dingen

Durch ganz einfache Dinge fühlen wir uns den tiefsten Wahrheiten oft am nächsten. Wenn wir zum Beispiel in einem Wald umherstreifen, am Seeufer spazierengehen oder auf einen Berg steigen, flößt uns die Natur große Ehrfurcht ein. Wir vernehmen die klaren Laute eines einzelnen Vogels, der seinen Ruf wiederholt; ein kleiner, grauer Pilz schießt heute aus dem Boden und dient morgen einem Waldmurmeltier als Nahrung; eine winzige Ameise schleppt ihre Last zwischen Grashalmen hindurch. Wenn wir solche Vorgänge in der Natur beobachten, erscheint uns das eigene Leben wieder im richtigen Licht, die inneren Kraftquellen werden aufgefrischt – und wir entwickeln uns zu einem besseren Partner.

Zu diesen einfachen Dingen des Lebens gehört auch, daß wir morgens das sanfte Frühlicht aufmerksam wahrnehmen, ohne uns auch nur im geringsten ablenken zu lassen; daß wir dem rhythmischen Wechsel von Sonnenaufgang und Sonnenuntergang, Appetit und Sättigung, Trauer und Freude vertrauen; daß wir den Schmerz von gestern genauso loslassen wie die Angst vor morgen; und daß wir auch einmal eine Stunde mit einem wahren Freund verbringen.

Nehmen Sie sich einige Minuten Zeit, um sie an jenem Ort zu verbringen, wo Sie das einfache Leben wiederfinden.

Diese Ruhe zwischen uns, die wir als eine solche Wohltat empfinden ...

Zwei Partner, die sich sehr gut kennen, halten eine Art stumme Zwiesprache miteinander. Diese Ruhe zwischen uns, die wir als eine solche Wohltat empfinden, macht jede Ablenkung durch Wörter überflüssig. Das endlose Gerede der Welt – in der Absicht, uns zu motivieren oder zu unterhalten bzw. der Wahrheit eine scheinbar interessante Wendung zu geben – bemächtigt sich zwar manchmal unserer Gedanken; jenseits dieses Getöses aber liegt die Zufluchtsstätte des Schweigens.

Einerseits kann ein aufrichtiges Wort die Quintessenz unserer Erfahrung erfassen und widerspiegeln; andererseits kann gerade die Stille bewirken, daß die Wahrheit zum Vorschein kommt. Wir brauchen beides: Sprache und Schweigen. Zuweilen müssen wir sprechen, dann wieder still sein. Ein angespannter Ruhezustand kann als Vorwand dienen, um unausgesprochene Gefühle zu verbergen. Und solange uns diese durch nichts gestörte Stille noch fremd ist, fühlen wir uns durch sie vielleicht genauso verunsichert wie durch jede andere ungewohnte Situation. Dann wollen wir diese Leere oft überhastet mit irgendwelchen Wörtern ausfüllen. Wenn aber zwei Menschen, die sich miteinander wohl fühlen, eine friedliche Ruhe wirklich gutheißen, bereichern sie damit ihr Leben mit einer weiteren Form von Ehrlichkeit.

Nehmen Sie sich gemeinsam ein paar Minuten Zeit, um das Schweigen zu empfinden und sich darauf einzustellen.

Wir gestalten unser geistiges Leben, indem wir den Alltag durch wunderbare Augenblicke „verschönern", besondere Ereignisse notieren und Platz schaffen für gute Musik, wahre Geschichten und liebevolle Freundschaften. Durch besondere Zeremonien und Bräuche bei wichtigen Anlässen unseres Lebens festigen wir unser geistiges Fundament. Geburtstage, bestandene Prüfungen, Jahrestage, Abschiede, Hochzeiten, Begräbnisse, Neuanfänge, Ferien – all diese Geschehnisse haben eine bestimmte Bedeutung, die man würdigen sollte. Sie binden uns aneinander – sowie an unsere Ursprünge, an die Tradition und an unsere Vorfahren. Wenn wir diese Feiern begehen, sind wir innerlich tief gerührt.

Vielleicht haben wir in der Vergangenheit diese kostbaren Augenblicke auf ein Minimum beschränkt. Wir dachten, über solche Sentimentalitäten erhaben zu sein, oder ignorierten den geheimeren Sinn unseres Seelenlebens. Jetzt aber möchten wir jeden Moment voll auskosten, und jeder Tag ist eine besondere Gelegenheit, die beachtet zu werden verdient. Wir führen ein gemeinsames Leben, um es zu feiern. So können wir eine Mahlzeit teilen und diesen kostbaren Besitz auch schätzen. Wenn wir nur ein wenig Zeit erübrigen, um einzelne Dinge bewußt wahrzunehmen, haben wir die Möglichkeit, über uns selbst nachzudenken und dankbar zu sein.

Planen Sie für heute einen dieser besonderen Augenblicke ganz bewußt ein.

Wir verbringen unsere Zeit mit dem Partner ...

Manchmal geht es uns schlecht, weil wir uns nicht alle nötigen oder ersehnten Dinge leisten können. Aber egal, ob wir sämtliche Wünsche erfüllt bekommen oder nicht – das Streben nach materiellem Besitz und nach dem Glücksgefühl, das wir damit verbinden, kann uns vom rechten Weg abbringen.

Solche Gedanken führen oft dazu, daß wir das Leben aus einem allzu begrenzten Blickwinkel und mit kalten Augen betrachten. Dennoch können wir uns jederzeit wieder den spontanen und natürlichen Vorgängen in unserer Umgebung zuwenden. Die Eichhörnchen jagen einander weiterhin durchs Gras. Die Kinder sind auch jetzt noch in genauso phantasievolle wie kuriose Gespräche vertieft. Die Musik kann unser Leben stets mit Freude erfüllen. Wir verbringen unsere Zeit mit dem Partner und sind voller Ideen. Wenn wir etwas Zeit aufbringen, um unsere tiefe Verbindung in vollen Zügen auszukosten und unsere Liebe zum Ausdruck zu bringen, entdecken wir Reichtümer, die einen viel höheren Wert besitzen als materielle Güter.

Gönnen Sie sich diesen Augenblick, um den Blick schweifen zu lassen und jene einfachen Dinge wahrzunehmen, die Ihnen Vergnügen bereiten.

Wenn wir uns der ganz normalen Schönheit bewußt werden ...

Unser Leben ist voller Anforderungen, Verpflichtungen, Erwartungen – da sind unzählige Orte, die wir aufsuchen, Menschen, die wir sehen, Dinge, die wir tun müssen. Unter Umständen nehmen uns diese Aufgaben derart in Anspruch, daß wir den jetzigen, einmaligen Augenblick verpassen. Egal, wo wir uns gerade befinden oder was wir machen – wenn wir kurz innehalten, um tief und langsam zu atmen und unsere Umgebung wahrzunehmen, wird uns etwas auffallen, das mehr als schätzenswert ist. Vielleicht sehen wir einen Lichtschimmer, der von einer Fensterscheibe reflektiert wird, den warmherzigen Blick eines Freundes oder eine kleine, aufmerksame Geste unseres Partners.

Unsere geistige Entwicklung hängt auch von der Intensität unserer sinnlichen Eindrücke ab. Blicke, Geräusche, Geschmacksempfindungen, Berührungen und Gerüche in unserer unmittelbaren Umgebung lassen uns ehrfürchtig werden vor dem Leben und bringen uns dem großen Geheimnis näher. Wenn wir uns der ganz normalen Schönheit im alltäglichen Dasein bewußt werden, geht von uns eine Wärme und Zärtlichkeit aus, die dann auch auf die geliebten Menschen ausstrahlt.

Kommen Sie für einen Moment zur Ruhe, atmen Sie langsam ein und aus, und konzentrieren Sie sich dann auf etwas, das Ihnen besonders am Herzen liegt.

Wenn wir etwas Zeit erübrigen, um in Ruhe die positiven Dinge schätzen zu lernen ...

Wer den schönen Dingen zugetan ist, führt, im weiteren Sinne, ein spirituell geprägtes Leben. Liebende können ihr Zusammensein bereichern und die Beziehung festigen, indem sie jeden Tag in stilvoller Weise verbringen. Wenn wir etwas Zeit erübrigen, um in Ruhe die positiven Dinge schätzen zu lernen – die Gespräche untereinander und mit Freunden, das gemeinsame Spiel und die Entspannung –, oder wenn wir den Kindern eine Geschichte vorlesen, zusammen kochen und gesunde, schmackhafte Speisen zu uns nehmen, stellen wir in unserem Alltag eine ganz einzigartige Atmosphäre her. Außerdem können wir unser Zuhause mit reizvollen Bildern und interessanten Gegenständen ausschmücken, fesselnde Bücher lesen, eine gestreifte Raupe in einer Grünpflanze aufmerksam beobachten oder einen Sternhaufen am Nachthimmel betrachten, ein heißes Schaumbad mit ätherischen Ölen genießen, einen guten Film ansehen, klassische Musik hören oder Blumen anpflanzen.

Wir verwirklichen ein geistig ausgerichtetes Leben, wenn wir Freiräume schaffen, in denen das Schöne gedeihen kann, und wenn wir alles etwas langsamer angehen lassen, um an jenen herrlichen Dingen Freude zu haben, die uns bereits umgeben. Wir fragen uns vielleicht, was das bringen soll. Die Antwort ist einfach: Diese Gesten, die von unserer spirituellen Einstellung zeugen, geben all unseren anderen Lebensbereichen einen Sinn.

Nehmen Sie sich jetzt ein paar Minuten Zeit, um etwas Wunderbares zu genießen. Überlegen Sie sich einmal, auf welche Weise Sie diesen Tag schöner gestalten können.

Unser geistiges Leben spielt sich auf der gleichen Ebene ab
wie unsere ganz normalen Beziehungen, nicht nur in unserem
Kopf oder in unserer Seele, und es schwebt auch nicht nur erhaben über den Wolken. Spiritualität bekundet sich *zwischen*
den Menschen und in allen *Beziehungen*. Sie entwickelt sich in
dem Maße, wie wir als Lebenspartner miteinander in Verbindung treten. Wir entdecken sie im Umgang mit den alltäglichen Dingen – mit dem Brot, das wir essen, und mit dem
Wasser, das wir trinken. Spiritualität äußert sich in der Art und
Weise, wie wir unseren Körper achten – also ob wir ihn mit
gesunder Nahrung versorgen, ihm zärtliche Berührungen und
Ruhe zuteil werden lassen, ob wir ihn durch Arbeit überan-
strengen – und wie wir uns gegenseitig achten.

Unsere gemeinsame geistige Existenz wird durch die Beziehungen zu anderen Menschen noch vertieft. Sobald wir mit einigen von ihnen Freundschaft schließen oder sie zu uns nach
Hause einladen, empfangen wir sie mit Gastlichkeit, weil in
jedem von ihnen Gott gegenwärtig ist. Wenn wir zu ihnen gehen oder sie bei uns als Gäste willkommen heißen, bereichern
und beglücken sie ihrerseits unser Leben. Dieser Brauch, gegenüber anderen Menschen gastfreundlich zu sein, ist in prak-
tisch allen Kulturen tief verwurzelt. Er gemahnt uns daran,
allen lieben Gästen, die vor unserer Tür stehen, mit einer großzügigen Einstellung zu begegnen.

Erweisen Sie sich heute großzügig gegenüber einem bestimm-
ten Menschen.

... eine höhere Stufe der Intimität und der Stabilität

Viele von uns haben eine Vergangenheit hinter sich, in der sie gelernt haben, wie man Probleme und Krisen irgendwie übersteht. Aber jetzt müssen wir die Fähigkeit besitzen, ein Leben zu gestalten, das sich von einer solch eingeschränkten Existenz grundlegend unterscheidet. Wir müssen uns Kenntnisse und Gewohnheiten aneignen, die unsere Beziehung auf eine höhere Stufe der Intimität und der Stabilität führen, die uns mehr Freude bescheren und unsere Stimmung wieder heben, wenn sie am Nullpunkt angelangt ist.

Es sind die schönen Dinge, die unser Leben zur Entfaltung bringen. Wir können aus unserem Zuhause einen sicheren und inspirierenden Ort machen, indem wir zum Beispiel interessante Bilder an die Wand hängen, bestimmte Gegenstände aufstellen, die uns an Freunde oder positive Zeiten unseres Lebens erinnern, und die Möbel so anordnen, daß eine angenehme und herzliche Atmosphäre entsteht. Wenn wir am Morgen aufstehen, können wir den Tag mit einem Gefühl von Frieden und Harmonie beginnen. Das Heim kann eine Art Zufluchtsstätte sein, die uns beglückt, wo wir unsere Gesundheit pflegen und unsere Kraft regenerieren.

Sprechen Sie darüber, wie Sie auf ganz einfache Art und Weise Ihr Zuhause gern verschönern würden.

Unser Dasein ist dann reicher und voller Geheimnisse ...

All unsere Übergangsphasen sind von einem lebendigen und produktiven Geist erfüllt. Einige Menschen danken, sobald sie morgens aufwachen, Gott für diesen neuen Tag. Viele haben es sich zur täglichen Gewohnheit gemacht, ruhig und entspannt vor einer Tasse Kaffee zu sitzen und über die kommenden vierundzwanzig Stunden nachzudenken. Unser Hochzeitstag, ein Geburtstag, der Tag, an dem wir in eine neue Wohnung einziehen oder eine neue Arbeit beginnen – sie alle haben einen spirituellen Aspekt, den wir uns gemeinsam mit dem Partner zu Bewußtsein bringen können. Diese Ereignisse bieten uns die Gelegenheit, über jene einschneidenden Veränderungen zu staunen, die das Leben immer wieder herbeiführt.

Wenn wir bei der Arbeit jeden Tag unter Druck und mit anderen in Konkurrenz stehen, wenn darüber hinaus in unserer Freizeit pausenlos der Fernseher läuft, nehmen wir vielleicht jene Übergangsphasen nicht wahr, die für uns so außerordentlich wichtig sind. Dann haben wir allmählich das Gefühl, daß unser Leben nichts ist als eine leere Hülse. Betonen wir dagegen bestimmte Anlässe durch einen herzlichen Gruß, durch ein Geschenk. ein gemeinsames Essen oder gar einen Tanz, so widmen wir uns ganz der spirituellen Seite unseres Menschseins. Unser Dasein ist dann reicher und voller Geheimnisse – und wir selbst sind von Dank erfüllt.

Nennen Sie ein Datum oder ein Ereignis, das eine spirituelle Bedeutung für Sie hat.

Unsere Beziehung entwickelt sich ständig weiter

Alle Aspekte unserer Beziehung sind Teile eines Ganzen. Der Tag, an dem wir uns zum ersten Mal begegneten, unser Jahrestag, den wir feiern, Kräche und Aussöhnungen, Krankheiten und Erholungsphasen, Verletzungen und Wiedergutmachungen – all dies sind quasi Ausschnitte eines großen Bildes. Wenn wir uns allzu intensiv mit einem Detail beschäftigen, verlieren wir die Gesamtkonzeption aus den Augen. Manchmal denken wir, eine Verletzung, die uns zugefügt wurde oder die wir dem anderen zufügten, verderbe die ganze Geschichte unserer Partnerschaft. Oder wir sind der Meinung, nur auf die ganz besonderen Augenblicke käme es an, und der Rest sei nichts als Schaum.

Aber eine Liebesbeziehung hat die reißende Kraft eines Flusses. Heute sehen wir vielleicht nicht jede seiner Biegungen, aber der gesamte Flußverlauf stellt ein lebendiges Ganzes dar. Genauso ist es mit uns: Die heutigen Erlebnisse mit dem Partner sind nur kleinere Strömungen im großen Strom unserer Beziehung.

Sprechen Sie mit Ihrem Partner über wichtige Augenblicke in Ihrer gemeinsamen Geschichte. Was mochten Sie beide am anderen, als Sie sich zum ersten Mal trafen?

Ein „dynamisches Ungleichgewicht"
manchmal ...

Eine intakte Liebesbeziehung zwischen erwachsenen Menschen ist flexibel. Sie fördert die innere Entwicklung beider Partner und gibt doch jedem von ihnen die Möglichkeit, sich hin und wieder ganz auf den anderen zu verlassen. Wenn dagegen die Rollen ständig ungleich verteilt sind, so daß der eine den Elternpart übernimmt, der andere das Kind spielt, wenn es einen starken und einen schwachen Partner gibt, einen ausbeuterischen und einen dienenden, dann berauben wir uns der Chance, auch weiterhin innerlich zu wachsen, und fühlen uns allmählich gefangen in einer Beziehung, die uns doch eigentlich bestärken und bereichern sollte.

Trotzdem ist selbst eine liebevolle Partnerschaft manchmal in einem „dynamischen Ungleichgewicht". Wenn der eine krank ist, bedarf er der fürsorglichen Pflege des anderen, der wiederum die Aufgabe hat, sie ihm auch zukommen zu lassen. Wenn der eine viel arbeiten muß, kann der andere ihm dabei helfen. Wenn der eine es meisterhaft versteht, ein Huhn schmackhaft zuzubereiten, so reicht ihm der andere die nötigen Zutaten. Die alltäglichen Pflichten und Gewohnheiten bescheren uns Ruhe und Sicherheit: Wir wissen in etwa, wie der andere reagieren wird. Aber wenn sie immer häufiger in der Befehlsform zum Ausdruck kommen, so daß der eine sagt: „Du machst die Küchenarbeiten, und ich bin fürs Technische zuständig", oder wenn an den anderen rigide Forderungen gestellt werden in der Art: „Wir haben es immer so gemacht, und deshalb bleibt es auch dabei", dann erweist sich die Beziehung als starr und leblos.

Sprechen Sie darüber, in welcher Hinsicht Sie in Ihrer Beziehung flexibel sind.

Unsere Wunschträume führen ins wunderbare Zentrum unserer selbst

Unser Zusammenleben basiert auch auf wichtigen Entscheidungen, die wir gemeinsam treffen müssen. Wollen wir woanders hinziehen oder lieber hier bleiben? Sollen wir ein Kind haben? Können wir uns aus eigener Kraft selbständig machen? Um die richtigen Antworten zu finden und die beste Wahl zu treffen, orientieren wir uns am besten an unseren tiefen Sehnsüchten und Wünschen. Nehmen Sie bewußt wahr, was Ihre geheimen Phantasien zum Ausdruck bringen. Während Sie über Ihre Alternativen nachdenken, sollten Sie ganz besonders auf die eigenen Empfindungen achten – darauf, ob Sie sich jeweils beengt oder wohl oder freudig fühlen.

Wenn wir über die Zukunft entscheiden, sollten wir unsere Aufmerksamkeit auf das richten, was wir wirklich wollen und was unseren Hoffnungen und Fähigkeiten in bezug auf ein positives und lohnendes Leben entspricht. Das ist nicht gleichbedeutend damit, daß wir sagen: „Wenn ich ein gutes Gefühl habe, dann mach ich's." Viele Regungen sind zwar für den Moment angenehm, aber auf Dauer mit Konsequenzen verbunden, die wir später nur bereuen würden. Wenn wir jedoch ganz ungezwungen über jenen Menschen nachsinnen, der wir sein könnten, über jene Dinge, die wir gerne tun würden, über jene Richtung, die wir einschlagen müßten, dann führen diese Wunschträume ins wunderbare Zentrum unserer selbst. Nach und nach gehen sie dann auch in Erfüllung. Das dauert vielleicht Jahre, aber sie sind es wert, daß wir unseren Weg gehen.

Nennen Sie einen Wunsch, den Sie schon ein Leben lang freudig im Herzen tragen.

Wir widmen uns den eigenen Problemen nur insoweit, wie es nötig ist

Als Kinder erprobten wir unseren Gleichgewichtssinn, als wir über ein schmales Brett balancierten oder auf einen Baum kletterten. Neigten wir uns zu sehr auf die eine Seite, kamen wir aus dem Gleichgewicht; korrigierten wir diese Bewegung mit zu großem Schwung und bewegten uns zur anderen Seite, fielen wir herunter. Genauso bedürfen wir des inneren Gleichgewichts, wenn wir den Problemen die ihnen gebührende Aufmerksamkeit schenken, ohne uns ihnen völlig auszuliefern.

Diesen dynamischen Gleichgewichtszustand erhalten wir dadurch aufrecht, daß wir ständig jene zahlreichen Kräfte abwägen, die uns in die eine oder andere Richtung ziehen. Wir widmen uns den eigenen Problemen nur insoweit, wie es nötig ist, und gehen dann zu anderen Dingen über, die ebenfalls eine wichtige Rolle spielen. Wir lieben unser Kind, das heute krank ist, und lassen ihm jene besondere Fürsorge zukommen, die es braucht; und wir lieben unser gesundes Kind, das heute mit uns im Park spazierengehen kann. Wir könnten beschließen, uns ausschließlich und mit aller Kraft auf die eigenen Probleme zu konzentrieren, aber das wäre wahrscheinlich übertrieben. Die überlieferten Grundsätze der amerikanischen Ureinwohner lehren uns, die heutigen Entscheidungen mit den Augen eines Menschen zu sehen, der sieben Generationen später lebt. Diese Auffassung rückt die momentanen Probleme in die richtige Perspektive.

Stellen Sie eine Liste Ihrer heutigen Sorgen zusammen, und entscheiden Sie, welche Sie beseitigen können und welche nicht.

Wahre Liebe muß auch eine ganz praktische Seite haben

Wir werden mit romantischen Geschichten und Bildern überflutet, die uns die falsche Vorstellung vermitteln, wahre Liebe bestünde darin, daß man ständig verzaubert ist und über den Wolken schwebt. Genaugenommen grenzt die romantische Liebe zeitweise an Wahnsinn. Wahre Liebe dagegen muß auch eine ganz praktische Seite haben. Sie gedeiht erst dann, wenn wir länger miteinander zusammen sind, den anderen auch später noch sexuell anziehend finden, wenn wir uns immer besser kennenlernen und gewisse Unstimmigkeiten beseitigt haben.

Wenn alle Vorstellungen von Liebe, die wir in die Beziehung mit einbringen, den sentimentalen Filmen und der populären Musik entnommen wären, hätten wir vielleicht das Gefühl, daß uns irgend etwas fehlt, obwohl zwischen dem Partner und uns eine gesunde Intimität besteht. Meistens hat diese Vertrautheit nicht jene erregende Spannung, die am Anfang einer heftigen Liebesaffäre herrscht. Aber sie ist eine sichere Garantie dafür, daß jemand für uns da ist, wenn wir Hilfe brauchen. Sie beschert uns die Freude, mit einem Menschen zu leben, den wir gerne verwöhnen und der uns gerne verwöhnt. Und manchmal konfrontiert sie uns auch mit den Herausforderungen eines treuen Freundes, der sich in einer Auseinandersetzung energisch gegen uns behauptet.

Nennen Sie eine Eigenschaft, die Sie an Ihrem Partner mögen und die Sie erst nach dem ersten Jahr Ihres Zusammenseins näher kennengelernt haben.

Plötzlich tauchen ganz neue Möglichkeiten auf ...

Wir alle müssen irgendwann in unserem Leben mit Verlusten fertig werden – mit dem tragischen Verlust eines geliebten Menschen, dem schmerzlichen Ende einer Beziehung oder mit den Einbußen aufgrund einer unvorhergesehenen beruflichen Veränderung. Vielleicht haben wir in unserer Partnerschaft eine Zeit voller Mißverständnisse und Chaos durchgemacht und uns gefragt, ob es überhaupt noch die winzigste Hoffnung auf Besserung gibt. Aber noch am Abgrund der Verzweiflung haben wir stets die Kraft, einen Neuanfang zu machen.

In solchen Zeiten wenden wir uns an die Höhere Macht, an die treuen Freunde oder an den Partner, um getröstet und verstanden zu werden. Vielleicht haben die anderen auch keine Lösung parat, aber wenn wir sie an unserem Schmerz teilhaben lassen, sind wir nicht mehr gar so verzweifelt und hoffnungslos wie vorher. Plötzlich tauchen dann ganz neue Möglichkeiten auf – wie die Farben des Regenbogens nach dem Unwetter. Der geistige Austausch in der Partnerschaft wirkt sich äußerst heilsam aus und erneuert uns innerlich. So können wir die positiven Dinge bewahren und sozusagen als Steinchen benutzen, um einen neuen Abschnitt im Mosaik unseres Lebens zu gestalten.

Erinnern Sie sich an eine Gelegenheit, da Ihr Partner Ihnen Trost gespendet hat, und machen Sie sich klar, in welcher Weise Ihnen das geholfen hat.

Da wir jetzt eine gesunde Mitte gefunden haben ...

Ein anderer Mensch kann nur dann über uns verfügen, wenn wir uns nicht mehr lieben. Viele Liebeslieder in der Popmusik geben uns zu verstehen, daß wir uns dem anderen völlig ausliefern müssen, um ihm damit unsere leidenschaftliche Hingabe zu zeigen. Wenn wir das tun, wird dieser Mensch uns natürlich als seinen Besitz betrachten und die Macht haben, uns auszusaugen oder gar unsere Persönlichkeit zu zerstören. Zum Glück enden unsere Lektionen über die Liebe nicht bei der Popmusik.

Die wahre Liebe gegenüber einem anderen basiert immer auch darauf, daß wir uns selbst lieben. In der Annahme, daß der geliebte Mensch uns das Gefühl von Ganzheit geben könnte und den Schlüssel zu unserem Glück in der Hand hielte, sind wir früher oft uns selbst abhanden gekommen. Aber dadurch, daß wir jetzt eine gesunde Mitte gefunden haben zwischen der Liebe gegenüber dem anderen und der Liebe gegenüber uns selbst, können wir mit viel Freude und ohne jeden Vorbehalt lieben. Und dieses Gleichgewicht erhalten wir auch künftig aufrecht, indem wir die eigenen Charaktereigenschaften noch stärker entwickeln und dem anderen Rückhalt geben. Vielleicht bereitet uns die Musik Vergnügen. Oder wenn wir irgendwo draußen, in der freien Natur, Erholung finden, so halten wir uns eben dort auf. Wenn wir durch Lesen neue Kraft tanken können, dann nehmen wir uns Zeit dafür. Sobald wir unsere individuellen Begabungen fördern, gehen wir liebevoll mit uns selbst um und bereichern obendrein noch unsere Beziehung.

Nennen Sie eines jener segensreichen Geschenke, das Sie sich selbst machen können.

Die kalte, argwöhnische oder oft gefühllose Außenwelt hält immer wieder genauso ehrfurchtgebietende wie wundersame Erfahrungen für uns bereit. Diese überraschen uns, ja verschlagen uns den Atem. Wir können uns glücklich schätzen, solche Augenblicke zu erleben, die rein spiritueller Natur sind. Wie lange ist es her, daß eine herrliche Melodie uns tief bewegte? Wann haben wir zuletzt dem anderen in die Augen geschaut und gelächelt, weil wir einander erkannten? Wann haben wir das letzte Mal die komplexe Schönheit einer Lilie wahrgenommen oder die anmutige Körperdrehung bewundert, wenn ein Sportler den Ball fängt?

Wir können inspirierende Erlebnisse nicht erzwingen, aber wir können ein Bewußtsein für sie entwickeln. Ehrfurchtgebietende Dinge sind Bestandteil des alltäglichen Lebens. Um ihrer teilhaftig zu werden, müssen wir nur eines tun: nicht mehr wie betäubt durch die Welt gehen, sondern aufmerksam beobachten, was um uns vorgeht. Wir können unsere Empfindungen genauer zur Kenntnis nehmen, wißbegieriger sein, empfänglicher werden für die Geheimnisse des Lebens, empfindsamer reagieren und diese Erfahrungen mit mehr Dankbarkeit und Respekt auf uns wirken lassen. Der Geist, der das Lebendige beseelt, ergreift uns dann im Innersten.

Überlegen Sie sich einmal, was Sie in letzter Zeit in Erstaunen versetzt oder tief bewegt hat.

Das wichtigste ist jedenfalls, einfach anzufangen

Der Webvorgang beginnt damit, daß wir die Längsfäden um den Kettbaum des Webstuhls spannen, die gewissermaßen das Gerippe des neu zu fertigenden Stoffes bilden. Dann werden die Querfäden hin und her bewegt und kreuzweise mit den Längsfäden verbunden: So entsteht allmählich ein Gewebe. Sobald es Gestalt annimmt, eröffnen sich uns ganz neue Möglichkeiten. Nachdem wir zunächst mit einer Farbe gearbeitet haben, können wir uns nun auch andere, dazu passende Töne überlegen. Das Wichtigste ist jedenfalls, einfach anzufangen.

Manchmal ergeben sich neue Möglichkeiten allein dadurch, daß wir tätig sind. Wenn wir es wagen, den ersten Schritt zu unternehmen, und unsere Augen offenhalten, werden wir irgendwann auch sehen, worin der zweite besteht. Zuviel Planung, zu große Vorsicht und zu genaue Analysen verhindern unter Umständen jede Aktion schon im Vorfeld.

Ab und zu haben wir das Gefühl, daß wir mit unserem Partner aus einem bestimmten Verhaltensmuster nicht mehr herauskommen. Vielleicht sind wir deswegen sogar verzweifelt. Aber anstatt uns übermäßig viele Gedanken zu machen, können wir aktiv werden und irgendeine besondere Maßnahme ergreifen, von der wir wissen, daß sie in intakten Beziehungen funktioniert. Und mit der Hilfe unserer Höheren Macht sind wir auch fähig, diesen ersten Schritt zu riskieren. Wenn wir, beherzt und zuversichtlich, Schritt für Schritt vorgehen, werden wir dabei die notwendigen Informationen erhalten, die zwangsläufig zum nächsten führen.

Nennen Sie eine interessante Sache, die Sie heute tun können. Weder müssen Sie sie rechtfertigen noch ganz genau wissen, was am Ende dabei herauskommt. Lassen Sie es einfach auf einen Versuch ankommen.

Wir sind offen für hoffnungsfrohe Gedanken und neue Möglichkeiten

Manchmal erwachen wir morgens mit der drängenden Frage, was in unserem Leben eigentlich schiefläuft. Vielleicht quälen uns die früheren Mißgeschicke – oder auch die Grenzen, die unserer Beziehung gesetzt sind. Aber wenn wir in Selbsthaß versinken, bauen wir eine Wand auf, die uns gerade von jenen Dingen trennt, die Kraft und Freude schenken.

Wenn wir uns der lebendigen und ständig im Werden begriffenen Welt bewußt werden, bessert sich unsere Stimmung; dann sind wir offen für hoffnungsfrohe Gedanken und neue Möglichkeiten. Während wir auf einem alten Bürgersteig oder über einen verlassenen Parkplatz gehen, entdecken wir Risse im Beton oder im Asphalt, aus denen ein erstes zartes Grün hervorwächst. Wo genug Erde vorhanden ist, um den Samen aufzunehmen, wird eines Tages möglicherweise ein Baum wachsen. Die Natur nutzt jede Gelegenheit, sich selbst zu erneuern, sogar wenn diese sich nur in Form einer winzigen Öffnung bietet. Auch in unserer Beziehung besteht immer die Hoffnung auf Erneuerung, sofern wir bereit sind, die Samen auszusäen und die Erde regelmäßig zu gießen, damit sie aufgehen und irgendwann einmal Früchte tragen.

Machen Sie sich klar, welche Ihrer Erfahrungen eindeutig die Samen für neues Wachstum in sich trugen.

Wir planen unseren Weg nicht allein

Was wir als „Leistung" bezeichnen, ist oft mehr ein Geschenk als eine eigenständige Errungenschaft. Zum Beispiel genesen wir von einer Krankheit vor allem durch die Gnade Gottes. Der Heilungsprozeß kann weder durch Willenskraft noch durch extreme Anstrengungen erzwungen werden. Vielmehr tun wir unser Bestes, um wieder gesund zu werden, und sind dann bereit, die Gesundung zu akzeptieren, sobald sie eintritt. Genauso bemühen wir uns vielleicht verzweifelt darum, den richtigen Lebenspartner zu finden und eine förderliche Beziehung zu entwickeln – aber wir erreichen dieses Ziel nicht einfach dadurch, daß wir rein verstandsmäßig an die Aufgabe herangehen. Natürlich müssen wir alles tun, was in unseren Kräften steht, und werden nichts unversucht lassen; aber der innere Fortschritt findet immer dort statt, wo wir ihn nicht wirklich beeinflussen können. Unser gieriges Ego nimmt zwar gerne jede Gelegenheit wahr, um zum Ausdruck zu bringen: „Ich habe hart gearbeitet und auch alles verdient, was mir gehört." Doch wenn wir nie einmal kurz innehalten, um dem Menschen, der uns etwas geschenkt hat, zu sagen: „Danke, das ist wunderbar", verpassen wir die Chance, uns dankbar und glücklich zu fühlen.

Aufgrund all der Bemühungen, die Lektionen des Lebens zu lernen und weiterzukommen, ist unser Ego im Irrglauben befangen, wir hätten für unsere Erfolge höchste Anerkennung verdient. Aber unsere Belohnung fällt nicht immer so aus, wie wir es uns erhofft haben. Bisweilen halten wir etwas für einen Mißerfolg, das uns im Grunde innere Stärke und ein tieferes Verständnis beschert; gerade diese Tatsache erinnert uns daran, daß wir unseren Weg nicht alleine planen.

Nennen Sie einige Geschenke in Ihrem Leben, um die Sie sich zwar bemüht haben, die aber letztlich nicht von Ihnen stammen.

Ein Partner, der Gelegenheit zum Klettern bot ...

Als eine Frau mit ihren Freunden in den Bergen kletterte, kam sie irgendwann an eine Stelle, die ihrer Meinung nach völlig unpassierbar war. Sie wollte wieder zum Ausgangspunkt zurückkehren, aber ihr Vordermann am Seil, der sie sicherte, ermunterte sie, es noch einmal zu versuchen. Sie war ängstlich und wütend zugleich, und sie kam nicht vom Fleck. Sie kämpfte innerlich mit dem Felsen, aber es war klar, daß er sich keinen Millimeter bewegen würde. Es hatte auch keinen Sinn, insgeheim zu wünschen, er möge sich wie durch ein Wunder verändern und den Händen und Füßen plötzlich Halt gewähren. Nachdem sie ihren Gefühlen Luft gemacht hatte, sah sie, daß es aus dieser mißlichen Lage nur zwei Auswege gab. Entweder sie gab auf, oder sie probierte es noch einmal, und zwar mit einer anderen geistigen Einstellung als vorher. Indem sie, trotz der Angst, an dieser Aufgabe festhielt, empfand sie den Felsen allmählich als ihren Freund, als eine Art Partner, der ihr Gelegenheit zum Klettern bot. Und so wurde ihr bewußt, daß sie nicht ihren Freund, den Felsen, ändern mußte, um die Klettertour fortzusetzen. Dadurch war sie wesentlich konzentrierter und konnte den Felsen ohne allzu große Mühe ersteigen.

Manchmal haben wir das Gefühl, unser Partner sei ein unbeweglicher Felsen. Es fällt uns nicht leicht, den Versuch, ihn zu ändern, aufzugeben und statt dessen alle Aufmerksamkeit auf die eigene Person zu richten. Aber gerade wenn wir das tun, stellen wir fest, daß unsere Beziehung einen anderen Verlauf nimmt als erwartet, daß wir den Partner mit neuen Augen sehen und selbst mehr Kraft bekommen.

Machen Sie sich einmal klar, in welcher Weise Ihr Partner genauso stark ist wie ein Felsen.

Jede Kerze der Hoffnung, die wir entzünden ...

Zuweilen fühlen wir uns vielleicht überfordert oder deprimiert durch all die Leiden und Ungerechtigkeiten, die es in der Welt gibt. Aber wir selbst können durchaus etwas bewirken. Unsere Einstellung, unsere inneren Werte und unsere Handlungen beeinflussen zum Beispiel unsere Beziehungen zu anderen Menschen. Jede Kerze der Hoffnung, die wir entzünden, sendet einen Schimmer ins Dunkel jenseits unseres Lebenskreises.

Wenn wir hören, daß irgendwo jemand verzweifelt ist, oder lesen, welche Mißhandlungen ein Mensch am eigenen Leib erfahren mußte, so fühlen wir uns vielleicht ganz genauso wie er und haben überhaupt keine Hoffnung mehr. Eine solche Einstellung wird dann allerdings gewiß dazu führen, daß wir aus unserem Zustand gar nicht mehr herauskommen und nur noch finster in die Welt blicken. Wenn wir dagegen im Einklang mit unseren Wertvorstellungen leben und unsere Fürsorge zum Ausdruck bringen, stellen wir fest, daß von unseren Beziehungen ein noch ungewohntes Licht ausgeht. Die liebevollen und aufmerksamen Gesten, die uns mit den Menschen unserer nahen Umgebung verbinden wie auch mit Fremden, die unseren Weg kreuzen, wirken sich auf eine immer größer werdende Gemeinschaft von Menschen aus. Durch jede Bemühung, unsere sonnige, fürsorgliche Seite mit anderen zu teilen, wird die Welt ein klein wenig besser. Dadurch sind wir hoffnungsvoller, und unsere Beziehungen gestalten sich positiver.

Entscheiden Sie sich für eine kleine Sache, die Sie heute tun können, um Hoffnung und Liebe in Ihrer Umgebung zu vergrößern.

Wir halten uns dazu an, die Dinge aus einer anderen Perspektive zu betrachten ...

Zuweilen sind wir so vertieft in unser hektisches Treiben, daß wir nur noch das eigene übermächtige Ich im Auge haben. Eine derart intensive Beschäftigung mit den inneren Problemen verhindert die gesunde Kommunikation mit dem Partner. Das ist oft dann der Fall, wenn wir uns überfordert fühlen. In solchen Phasen müssen wir uns selbst dazu anhalten, die Dinge aus einer anderen Perspektive zu betrachten.

Wenn wir unsere Aufmerksamkeit darauf richten, jemandem unter die Arme zu greifen oder in einer schmerzlichen Angelegenheit Trost zu spenden, können wir die eigene Situation mit ganz neuen Augen sehen. Dann ist es vielleicht an der Zeit, einmal den Kleiderschrank zu öffnen, alle Sachen hervorzuholen, die wir nicht mehr anziehen, und sie zur Altkleidersammlung zu bringen. Unter Umständen ist sogar der Moment gekommen, uns dafür zu entscheiden, im Obdachlosenheim oder in der Beratungsstelle für mißhandelte Frauen freiwillig Dienst zu tun. Wir können uns aber auch andere Aktionen überlegen, um einem Menschen in Not beizustehen. Jenseits der Beziehung, die wir mit unserem Partner haben, sind wir durch das Leben selbst mit der gesamten menschlichen Gemeinschaft eng verbunden. Wenn wir die Hand ausstrecken, um jenen zu helfen, die unserer Unterstützung bedürfen, werden wir innerlich verwandelt und fühlen uns wieder gesund und ausgeglichen.

Vollbringen Sie heute eine Tat, die jemand anders zugute kommt.

Ein neues Leben, das wir anderswo führen könnten ...

Wir träumen zusammen von Abenteuern, die wir bestehen möchten, von einem neuen Leben, das wir anderswo führen könnten, und von günstigen Möglichkeiten, die wir gerne näher untersuchen würden. Wir fragen uns, was wir wohl aufgeben müßten, um einen anderen Weg zu beschreiten. Vielleicht erscheinen uns die Risiken zu groß und zu beängstigend, um diese Träume je verwirklichen zu können. Ein Ehepaar sehnte sich zum Beispiel danach, einmal die Ferien in den Bergen zu verbringen, aber keiner von den beiden nahm sich die Freiheit, eine solche Reise tatsächlich in Angriff zu nehmen. Zwei andere Ehepartner sprachen jahrelang darüber, nach Alaska zu gehen, um ein neues Leben zu beginnen, aber die Angst hielt sie immer wieder zurück.

Das Leben ist ein Wagnis, und Wagnisse sind auch mit Angst verbunden. Vielleicht sind jene, die nie ein Risiko eingehen, immer in einer geschützten Position; aber sie bezähmen nicht wirklich ihre Angst. Sie leben nicht in vollen Zügen. Sie fühlen nicht die erregende Spannung, die jedem größeren Versuch innewohnt, und sie kennen nicht dieses Erfolgserlebnis, wenn man, trotz gewisser Befürchtungen, ein Stück vorankommt. Sie versäumen jene Lektionen, die aus Fehlern resultieren, und lassen sich die Freude an einem erfüllten Leben entgehen.

Nennen Sie ein Wagnis, das Sie durchaus eingehen können, um sich einen sehnlichen Wunsch zu erfüllen.

Die Erde, aus der wir hervorwachsen ...

„Gartenarbeit" ist ein ganz wunderbarer Ausdruck für das Leben. Wir graben in der Erde, fördern die vertrockneten Pflanzenreste zutage und geben Düngemittel und Kompost hinzu, um den Boden anzureichern. Vielleicht stoßen wir dabei auf ein altes rostiges Rad, das zum Kinderspielzeug gehörte, oder finden ein Werkzeug, das wir verloren glaubten. In ähnlicher Weise arbeiten wir uns durchs Leben, entdecken alte Wunden, Erinnerungen und kostbare Schätze aus früheren Beziehungen. Unsere Vergangenheit stellt sozusagen die Erde dar, aus der wir hervorwachsen. Wir müssen uns zu ihr bekennen, wenn wir größer werden wollen. Glück *und* Leid machen den Boden fruchtbar, so daß unsere Entwicklung in immer neue Bahnen gelenkt wird. Die gute, schwarze Erde, welche die Pflanzen von diesem Jahr nährt, ist das Zersetzungsprodukt vieler Generationen pflanzlichen Lebens. Ohne die Vergangenheit wäre die Gegenwart unfruchtbar.

Hier und heute halten wir inne, um die äußere Erscheinung unseres Partners wahrzunehmen, machen eine liebevolle Bemerkung oder sprechen einen Wunsch aus hinsichtlich der Zukunft. Die lebendige Wechselbeziehung zwischen uns enthält all jene Samen, die wir in unsere gemeinsame Erde streuen, die dann blühende Pflanzen und schließlich Früchte hervorbringen werden. Diese sind unsere Ernte von morgen.

Nennen Sie eine Begebenheit aus früheren Tagen, die den Boden, auf dem Sie heute stehen, fruchtbar gemacht hat.

Wenigstens ein klein wenig Enthusiasmus und Interesse für die lieben Menschen in unserer Nähe ...

„Ich habe schon im Büro gespendet", ist die wohlbekannte Antwort gegenüber Leuten an unserer Haustür, die um eine milde Gabe bitten – aber leider kommen wir manchmal mit der gleichen Einstellung zu unserem Partner nach Hause. Wir gehen morgens zur Arbeit, investieren unsere ganze geistige und körperliche Energie in die beruflichen Aufgaben und sind dann abends zu erschöpft, um uns noch ausgiebig dem Privatleben zu widmen. Manchmal sieht es fast so aus, als ob wir nicht nach Hause kämen, um mit dem Partner und den Kindern zusammenzusein, sondern um uns soweit zu erholen, daß wir am nächsten Tag wieder zurück in die Arbeit können. In dieser geistigen Verfassung bringen wir dann nur unsere Bedürfnisse, Erwartungen und Gehaltsabrechnungen mit nach Hause, nicht aber unsere Talente, unsere Kraft oder unsere Bereitschaft, an den familiären Beziehungen wirklich Anteil zu nehmen.

Bei der Arbeit geben wir unser Bestes, aber im privaten Bereich servieren wir uns selbst und dem Partner nur aufgewärmte Reste. Dadurch bleiben wir hungrig und verlassen uns darauf, daß er uns nährt und umsorgt. Wenn wir nicht wenigstens ein klein wenig Enthusiasmus und Interesse für die lieben Menschen in unserer Nähe bewahren, fühlen wir uns vielleicht wie jene wohlmeinenden, hart arbeitenden Seelen, die am Ende in einer äußerst unbefriedigenden Beziehung leben und gar nicht wissen, warum.

Nennen Sie drei Aufgaben, die Ihre geistige Konzentration und körperliche Kraft beanspruchen. Haben Sie davon noch etwas übrig für zu Hause?

Die schönsten Dinge des Lebens sind der Mühe wirklich wert ...

Einige Leute glauben, daß ihre Beziehung wohl schon kurz vor dem Ende ist, wenn sie einmal wirklich daran arbeiten müssen. Sie meinen, daß eine Partnerschaft immer unkompliziert und lustig sein sollte. Wenn Schwierigkeiten auftauchen oder besondere Anstrengungen nötig sind, nehmen sie das als sicheres Zeichen dafür, daß die ganze Sache gescheitert ist.

Wir täten gut daran, die Arbeit an der Beziehung genauso zu betrachten wie jene Arbeiten, die wir am Haus oder am Auto verrichten. Wenn jemand sagt, ein Haus, das instand gehalten werden muß, sei nichts wert, würde er sofort einsehen, wie töricht seine Ansicht ist. Alles, was wir lieben, bedarf einiger Sorgfalt und Pflege. Natürlich sehnen wir uns danach, dieses Gefühl von Unschuld und Freude wieder zu empfinden, das wir manchmal in den Armen unserer Eltern oder am romantischen Beginn unserer Beziehung hatten, als alles noch vollkommen einfach war. Solche Phasen werden auch wiederkommen, aber wir können sie nicht erzwingen und schon gar nicht krampfhaft an ihnen festhalten. Manchmal ist das Leben hart. Aber einige der schönsten Dinge des Lebens sind die Mühe, die sie uns kosten, wirklich wert.

Sprechen sie mit Ihrem Partner, um herauszufinden, welche Art von Pflege Ihre Beziehung vielleicht braucht.

Durch die alltäglichen Verrichtungen und Gewohnheiten fühlen wir uns behaglich und geborgen. Einige davon werden sich nie ändern und unserem Leben stets Halt geben. Andere hingegen sind äußerst langweilig, bestürzen oder bekümmern uns. Sobald ein neuer Tag beginnt, machen wir uns mit Elan an die Arbeit, aber abends sind wir dann schon wieder zu Tode erschöpft. Dabei sollten wir jedoch eines nicht vergessen: Ein Feiertag zum Beispiel ist nicht nur ein arbeitsfreier Tag; vielmehr hat er auch eine uns wohlbekannte symbolische Bedeutung, die wir immer wieder feierlich begehen. Jede Grundstruktur enthält den Keim der Erneuerung.

Einige unserer Verhaltensmuster machen uns traurig – etwa wenn wir heute die gleichen Beziehungsprobleme haben wie im vergangenen Jahr oder wie in unserer letzten Partnerschaft, wenn wir in der eigenen Stimme plötzlich den Tonfall unserer ständig nörgelnden Mutter, unseres allzu kritischen Vaters hören oder wenn wir die Beherrschung verlieren und erneut so handeln, wie es, unserem Gelöbnis nach, nie mehr hätte passieren sollen. Aber dadurch, daß wir uns diese Mechanismen bewußt machen, ergibt sich auch die Möglichkeit, etwas neu und anders zu gestalten, selbst im Zustand der Mutlosigkeit. In dem Augenblick, da wir sagen: „Jetzt fange ich ja schon wieder damit an!", lassen wir den monotonen Rhythmus bereits hinter uns, eben weil wir ihn durchschauen. Durch Bewußtheit erlangen wir die Kraft, ein frustrierendes Denk- oder Verhaltensmuster zu beseitigen und Neuland zu betreten.

Nennen Sie einen dieser mechanischen Abläufe in Ihrem Leben, über den Sie sich heute völlig im klaren sind.

Wir können niemals schlichtend eingreifen

Die Beziehungen zu den Verwandten unseres Partners können sich als äußerst kompliziert erweisen. Unter Umständen werden wir in alte familiäre Konflikte mit hineingezogen, weil wir die Sache des Partners verfechten, unabsichtlich ins Spannungsfeld zwischen den Parteien geraten oder von den Verwandten erwarten, daß sie unsere ungestillten Bedürfnisse befriedigen. Wenn wir in strittigen Familienangelegenheiten die Vermittlerrolle übernehmen, werden wir vielleicht bald zur neuen Zielscheibe in alten Auseinandersetzungen. Diese Schwierigkeiten stürzen uns oft derart in Verwirrung, daß wir niemals in der Lage sind, schlichtend einzugreifen. Die Liebe zwischen uns und den angeheirateten Verwandten kann sich erst dann entwickeln, wenn wir akzeptieren, daß wir auf ihre Beziehungen untereinander keinerlei Einfluß haben.

Wir sind jedoch fähig, in den Beziehungen zu den Verwandten uns selbst treu zu bleiben. Wir können am wechselseitigen Geben und Nehmen im größeren Familienkreis teilnehmen, indem wir nicht mehr versuchen, Lehrer, Befreier oder Retter eines anderen zu sein, und indem wir die ungelösten Probleme in unserer eigenen Familie dort lassen, wo sie hingehören: zu Hause nämlich.

Sprechen Sie mit Ihrem Partner darüber, auf welche Weise Sie in alte Familienangelegenheiten hineingezogen werden.

Jede unserer Handlungen und Gesten wirkt sich auf den anderen aus

Damit ein Baum gedeihen kann, bedarf er des Sonnenlichts, des Regens und der Erde. Wenn er stirbt, reichert er den Boden an, mit dem er unauflöslich verbunden ist, so daß dieser dann das Licht und den Regen aufnehmen kann, um neues Wachstum hervorzubringen. Wenn der Baum in einem Sturm auch nur einen Ast verliert, werden alle anderen lebenden Organismen in seinem Umkreis in Mitleidenschaft gezogen. Auch wir Menschen sind Teil eines natürlichen Netzwerks. Wenn jemand mit unangenehmen Schwierigkeiten konfrontiert ist oder, im Gegenteil, plötzlich äußerst erfreuliche Dinge erlebt, werden auch wir anderen dadurch beeinflußt. Auf einer bestimmten Ebene nehmen wir gefühlsmäßig daran Anteil, auch wenn wir das nicht in Worte fassen können. Wenn ein anderer Mensch einen Verlust erleiden muß oder sonst irgendwie geschwächt ist, hat dies, direkt oder indirekt, Konsequenzen für unser eigenes Leben.

Innerhalb unserer Partnerschaft wirkt sich *jede* unserer Handlungen und Gesten äußerst intensiv auf den anderen aus – ob wir das jeweils beabsichtigen oder nicht. Wir brauchen diese Verbindungslinien zwischen uns. Wie die Wurzeln oder Äste eines Baumes gedeihen wir durch unsere Beziehung zum Ganzen – zu jener Einheit, die aus uns beiden besteht.

Zählen Sie die Beziehungen zu anderen Menschen auf, die Ihnen am wichtigsten sind.

Wenn wir uns selbst die Wahrheit eingestehen ...

Jeder, der in einer Familie großgeworden ist, in der es zu schlimmen Übergriffen kam, ist davon zutiefst betroffen. Vielleicht haben wir gar nicht einmal selbst unter physischen, verbalen oder sexuellen Mißhandlungen zu leiden gehabt. Vielleicht haben wir einfach nur mit ansehen müssen, wie ein Elternteil sich mehr und mehr durch Alkohol, Arbeit oder Essen zerstörte. In allen Familien gibt es kleinere oder größere Sorgen. Thomas Fuller, der englische Theologe und Historiker aus dem siebzehnten Jahrhundert, sagte einmal: „Wer weder Narren noch Schurken noch Bettler in der Familie hat, muß durch einen Blitzstrahl gezeugt worden sein." Die Realität setzt sich eben aus realen Problemen und menschlichen Schwächen zusammen.

Manchmal wollen wir die Wahrheit beschönigen, um unseren Schmerz zu verbergen. Wenn wir mißhandelt wurden, wenn wir mit einem trunksüchtigen Vater, einer immer wieder zur Flasche greifenden Mutter aufgewachsen sind oder uns jetzt Sorgen machen um den Bruder, der in Schwierigkeiten steckt, dann haben wir vielleicht oft das Gefühl, nichts wert zu sein, oder schämen uns zutiefst. Aber das sind nur Nebeneffekte, emotionale Nachwirkungen früher Mißhandlungen und Abhängigkeiten. Sie repräsentieren nicht unseren wahren menschlichen Wert. Wenn wir uns selbst die Wahrheit eingestehen und die eigenen Erfahrungen nicht mehr verschleiern, dann können wir auch unsere Schamgefühle verarbeiten und hinter uns lassen.

Nennen Sie irgendein Problem in Ihrer Familie, das Sie oder andere zu vertuschen suchten.

Gemeinsame Ziele

Gemeinsame Ziele geben die Leitlinien unseres Handelns vor

Wir können uns in der Beziehung genauso Ziele setzen und Richtungen vorgeben, wie es eine Arbeitsgruppe, eine Firma oder eine Schulbehörde in ihrem Bereich tut. Als Einzelperson haben wir uns vielleicht der eigenen beruflichen Karriere, einer ehrenwerten Aufgabe oder der Pflege unserer Kinder verschrieben. Die gemeinsamen Ziele jedoch, die wir als Paar anstreben, mögen nicht ganz so klar sein, und trotzdem geben sie die Leitlinien für unser Handeln und unsere Entscheidungen vor. Sind wir gewillt, das Leben zusammen zu genießen, gesunde Kinder aufzuziehen und zum Wohlergehen der Menschheit beizutragen? Oder ist uns daran gelegen, eine große Menge Geld anzuhäufen, sexuelle Befriedigung zu erlangen und auf andere attraktiv zu wirken?

Wenn wir vorbehaltlos irgendwelchen scheinbar großartigen, aber im Grunde hohlen Leitbildern nachjagen, kann es sein, daß wir uns am Ende nur noch völlig wertlose Ziele setzen. Wählen wir dagegen unsere Vorsätze und Absichten ganz bewußt aus und bleiben ihnen auch treu, treten wir in Verbindung mit unserer Höheren Macht. Und engagieren wir uns für solche Vorhaben, die größer sind als wir selbst und unser Bedürfnis, belohnt zu werden, dann lassen wir das eigene Ego weit zurück. Dadurch wird in unserer Beziehung die Moral gestärkt, und wir können auf kluge Weise über unser gemeinsames Tun entscheiden.

Machen Sie sich einige Ziele klar, die Sie in der Partnerschaft zusammen verfolgen.

Ein starkes Seil besteht aus vielen kleinen Schnüren

Was wir am einen Tag als unumstößliche Wahrheit hinsichtlich unserer Beziehung betrachten, erscheint uns vielleicht schon bald darauf als Bagatelle. Zum Beispiel denken wir zunächst: „Er hört mir einfach nie zu" oder: „Sie und ich sind derart verschieden, daß man sich wundern muß, wie wir überhaupt zueinander finden konnten." Kurze Zeit später, unter anderen Vorzeichen, fühlen wir uns längst nicht mehr so frustriert. Wir sind vielmehr davon überzeugt, daß diese negativen Aspekte nicht so wichtig sind, weil wir dafür auf anderen Ebenen unserer Beziehung mehr als entschädigt werden.

Ein starkes Seil besteht aus vielen kleinen Schnüren. Wenn wir es nur an einer Stelle betrachten, sehen wir zwar ein Stück Schnur sehr genau; aber wir erkennen nicht das ganze Geflecht. Genauso verhält es sich mit unseren Gedanken und Gefühlen in bezug auf die Partnerschaft. So bedeutsam sie auch sein mögen: sie ändern sich in dem Maße, wie sich unser Blickwinkel ändert. Wenn wir uns heute auf ein bestimmtes Gefühl verlassen, das wir dem Partner gegenüber haben, ziehen wir daraus vielleicht Schlußfolgerungen, die später wieder ganz anders aussehen können. In dem Maße, wie wir uns gemeinsam weiterentwickeln, vermischen sich die Einzelheiten des heutigen Tages mit den vielgestaltigen Facetten der Vergangenheit, die allesamt zu einem großen Ganzen beitragen.

Sprechen Sie offen aus, wie Sie heute die kleinen Details in Ihrer Beziehung empfinden, und fügen Sie dann auch hinzu, wie Ihrer Meinung nach „das Gesamtbild" aussieht.

Wir müssen uns immer wieder unserer Liebe widmen und sie erneuern

Wir alle verändern uns mit der Zeit. Wir unterscheiden uns von jenem Menschen, der wir früher waren, so daß sich auch unsere Beziehung zwangsläufig wandelt. Darüber hinaus wechseln andauernd unsere Lebensumstände und zwingen uns dazu, mit unerwarteten Herausforderungen fertig zu werden. Glückliche Beziehungen leiten ihre Kraft aus vielen unterschiedlichen Quellen her, durch die sie intakt bleiben. Romantik allein reicht dazu nicht aus. Auch die wechselseitigen Bedürfnisse und das Angewiesensein auf den anderen sind nicht genug. Selbst die Kinder gewährleisten keine dauerhafte Beziehung. Und jenes formale Versprechen, das wir uns bei der Eheschließung gaben und das durchs Gesetz verbürgt wird, kann unserer Beziehung zwar Halt geben, aber wir wissen sehr wohl, daß dies beileibe nicht immer ausreicht.

Wir alle müssen uns immer wieder unserer Liebe widmen und sie erneuern, zumal in schwierigen Zeiten. Wir brauchen Freunde, die uns lieben und mit denen wir öfter zusammensein können. Ähnliche Wertvorstellungen sind für die Partnerschaft genauso von Nutzen wie gemeinsame Vergnügungen oder Interessen. Ein Ziel, auf das wir hinarbeiten, ein Vorhaben, das wir in die Tat umsetzen, hat oft positive Auswirkungen auf uns. Die gemeinsame Mitgliedschaft in einem Verein, das Engagement für kirchliche Aktivitäten oder in Gemeindegruppen – all dies kann für die Beziehung förderlich sein. Jenseits aller Romantik tragen diese ganz praktischen und realistischen Umstände dazu bei, eine Beziehung auch über längere Zeiträume hinweg glücklich zu gestalten.

Sprechen Sie mit dem Partner über jene Faktoren, die Ihrer Beziehung auch in Zukunft zugute kommen werden.

Eine Verpflichtung macht uns frei

Wenn es um das Thema „Verpflichtung" geht, winden sich einige von uns. Der Gedanke daran macht uns nervös, weil wir jede Verpflichtung genauso als Zwang empfinden wie das Geschirr, mit dem Pferde vor den Wagen gespannt werden. Und wer möchte sich schon zu etwas verpflichten, wenn er sich dabei genauso fühlt wie ein Zugtier? Manche fügen sich in dieses „Joch", um ihrer Unsicherheit und Einsamkeit zu entfliehen. Aber uns ist natürlich klar, daß diese Auffassung von der Sache keineswegs gesund ist.

Eine Verpflichtung setzt uns in der Tat gewisse Grenzen. Aber wir entscheiden uns trotzdem für sie, weil sie uns nicht so sehr einschränkt als vielmehr befreit. Sie bietet uns die Möglichkeit, ein gefestigteres und freieres Leben zu führen. Und so verpflichten wir uns, diese Chance auch wahrzunehmen, indem wir versprechen, ehrlich miteinander umzugehen, treu zu sein und dem anderen Beistand zu leisten, wenn er sich schwach fühlt oder Probleme hat. Wir versichern, auf uns selbst gut achtzugeben, damit wir ein starker, ausgeglichener Partner sind. Diese Art von Verpflichtung macht uns frei, weil sie uns mehr Alternativen zugesteht, weil sie das Leben einfacher gestaltet und es uns überläßt, den Anforderungen des Lebens gerecht zu werden und die unbeschwerteren Augenblicke um so mehr zu genießen.

Zählen Sie die Verpflichtungen auf, die Sie beide gegenüber dem anderen haben.

Es wächst unsere Bereitschaft, alle Kräfte zu mobilisieren ...

Nachdem sie schwierige Phasen hinter sich gebracht haben, sind einige Menschen wacher als vorher – sie wissen wahre Liebe mehr zu schätzen, werden tiefer bewegt von der einfachen Freude, die ein wunderbares Lied ihnen schenkt, und sind fähiger, ein gutes Gespräch mit einem Freund zu genießen. Wenn wir den geliebten Menschen verletzt haben oder von ihm verletzt wurden, sind wir oft um so mehr darum bemüht, unsere Beziehung zu hegen und zu pflegen. Ganz gleich, ob die Verletzungen neu oder alt sind – sobald wir wissen, wieviel Leid unsere Beziehungsprobleme verursachen können, wächst auch unsere Bereitschaft, sie mit allen Kräften zu vermeiden.

Die Entscheidung, uns für ein positives Leben bewußt einzusetzen, treffen wir überaus gern, denn dieses Engagement schenkt uns ein viel besseres Gefühl als die Hilflosigkeit, die Tatenlosigkeit und das Erdulden von seelischen Qualen. Wenn wir beschließen, eine bestimmte Maßnahme zu ergreifen, obwohl uns dies schwerfällt, bekommen wir Kraft, auch die anstrengende Arbeit an der Beziehung zu bewältigen. Und so sprechen wir ganz bewußt aus, was uns nicht leicht über die Lippen geht, durchbrechen die inneren Schranken, die eine ehrliche Einstellung verhindern, und bringen unsere eigenen Vorstellungen in die Partnerschaft mit ein. In der Tat ist dieser Weg manchmal steinig, aber wir ziehen die Probleme, die mit einem bewußten und hellsichtigen Leben verbunden sind, jenen Problemen vor, die aus der Blindheit resultieren.

Nennen Sie etwas, das Sie ganz bewußt unternehmen, um Ihre Partnerschaft zu bereichern.

Dieses Zugehörigkeitsgefühl ist ein Geschenk

Dieses Gefühl, zu jemandem zu gehören – also zu wissen, daß es einen sicheren Platz für uns gibt –, ist eines der wichtigsten Geschenke, das zwei Liebende einander machen können. Wenn jeder von uns beiden bereit ist, sich für die Beziehung zu engagieren, erhält der eine den Schlüssel zum Leben des anderen. Wir erlauben dem Partner, in einer Weise bei uns zu sein, wie wir es sonst niemandem zugestehen würden. Das heißt, wir können davon ausgehen, daß wir unsere Stellung ihm gegenüber nicht jeden Tag neu definieren müssen. Dieses Zugehörigkeitsgefühl ist ein Geschenk, aber wir müssen es auch in Empfang nehmen. Im wesentlichen sagen wir zu unserem Gefährten: „Ich nehme diesen Platz in deinem Leben ein, weil wir zusammen sind. Ich kann also beruhigt sein. Ich brauche nicht vor deiner Tür zu stehen und zu klopfen. Denn wir haben uns bereits versichert, daß der eine sein Leben mit dem anderen teilt."

Diese intuitive Gewißheit, daß wir zueinander gehören, unterscheidet sich grundlegend von jenem Gefühl der Isolation und der Entfremdung, das wir im täglichen Leben auf so vielfache Weise empfinden. Das heißt nicht, daß der eine des anderen Besitz ist oder daß es keine Grenzen oder klaren Trennungen gibt. Aber die Freude über die innere Verbundenheit gibt den Menschen in Zweierbeziehungen die Freiheit, sich selbst zu vervollkommnen und das eigene Leben fortzusetzen, während ihnen der vertraute Beistand und Trost jenes Menschen zuteil wird, den sie über alles lieben.

Sagen Sie Ihrem Partner, wodurch Sie ganz genau wissen, daß Sie Teil seines Lebens sind.

Register